ÉTUDES MONTAIGNISTES

31

Prose et poésie dans les *Essais* de Montaigne

Cet ouvrage a été publié pour la première fois en 1997
dans la collection *Études montaignistes* dirigée par Claude Blum.

Nathalie Dauvois

Prose et poésie dans les *Essais* de Montaigne

PARIS
CLASSIQUES GARNIER

Nathalie Dauvois, professeur de littérature à l'université Sorbonne Nouvelle – Paris 3, est spécialiste de la poésie. Elle travaille sur la réception d'Horace à la Renaissance. Elle étudie également les formes littéraires de la littérature juridique, morale et théologique. Nous lui devons notamment *La Vocation lyrique, la poétique des recueils lyriques à la Renaissance et le modèle des* Carmina *d'Horace* (Paris, 2010).

Réimpression de l'édition de Paris, 1997.

ISBN 978-2-406-14108-2 (livre broché)
ISBN 978-2-8124-5769-2 (livre relié)
ISSN 0986-492X

Que soient ici tout particulièrement remerciés André Tournon pour l'acuité vigilante de sa lecture et Claude Blum sans qui ce livre n'existerait pas, ainsi que les autres membres de mon jury d'habilitation, Jean-Claude Arnould, Nicole Cazauran, Frank Lestringant et Daniel Ménager pour leurs remarques éclairantes, autant que pour la vivacité parfois de leurs critiques qui m'ont aidée à aller un peu plus loin dans la compréhension des *Essais*, cheminement sans fin.

INTRODUCTION

Nous nous enquerons volontiers : Sçait-il du Grec ou du Latin ? escrit-il en vers ou en prose ?

Essais, I, 25 "Du pedantisme"

Le débat de la prose et de la poésie, la question de leurs frontières est un débat essentiel à la poétique moderne, de Valéry, qui compare la première à la marche et la seconde à la danse, fait de l'une un langage-instrument, de l'autre un langage autonome, un "langage dans le langage"[1] jusqu'aux recherches d'Henri Meschonnic[2]. Or ce débat a pour caractéristique de se poser aussi et peut-être d'abord à la Renaissance en termes de dialogue, d'un dialogue qui se poursuit de la *satura* latine à la *Satyre Ménippée*, des prosimètres de Molinet à la *Bergerie* de Belleau. L'interférence de la prose et de la poésie renouvelle ainsi constamment la question même de leur différence, de leur complémentarité, de leur affinité. Mais dans aucun autre texte peut-être ce rapport ne se pose de manière aussi aiguë et aussi essentielle à la compréhension même de sa démarche que dans les *Essais* de Montaigne.

Montaigne a toujours affirmé sa prédilection pour la poésie : "... la poësie, que j'ayme d'une particuliere inclination"[3], et

---

1 Valéry, *Variété*, in *Œuvres*, Paris, Gallimard, Bibliothèque de la Pléiade, 1957, T. I, p. 1329 et s.

2 Voir surtout *Critique du rythme*, Paris, Verdier, 1982, en particulier p. 395 et s.

3 *Essais*, I, 26, p. 146. Toutes nos références aux *Essais*, sauf mention contraire, renvoient à l'édition Villey-Saulnier (édition conforme au texte de l'exemplaire de Bordeaux par Pierre Villey, Paris, 1924 ; nouvelle édition sous la direction et avec une préface de V.-L. Saulnier, Presses Universitaires

son admiration pour la "bonne, l'excessive, la divine"[1] tout en faisant lui-même profession d'inaptitude poétique : "Je l'ayme infiniment : je me cognois assez aux ouvrages d'autruy ; mais je fay, à la vérité, l'enfant quand j'y veux mettre la main ; je ne me puis souffrir. On peut faire le sot par tout ailleurs, mais non en la Poesie."[2] Or si Montaigne s'est toujours dénié toute vertu poétique, il n'a jamais cessé de faire interférer les vers des autres avec sa propre prose, de rendre, dans la texture même des *Essais*, les deux modes d'écriture indissociables. Le dialogue instauré entre une langue première et une langue seconde, latin et français, prose et poésie, Virgile, Horace ou Lucrèce et Montaigne est la forme même que prend la lutte pied à pied de Montaigne avec "ces vieux champions-là"[3], la forme très particulière que prend l'invention d'une langue qui lui soit propre, à mi-chemin de la prose et des vers. La poésie n'est pas seulement en effet ce langage éloigné dont on ne peut que rappeler parfois l'éclat perdu, perpétuer le rayonnement pour mieux en souligner la distance dans un échange qui ne ferait que moduler indéfiniment le dialogue delphique du "Ei"[4], du "Tu es" adressé par Montaigne à la poésie antique et du "connais-toi toi-même" renvoyant en réponse la prose de Montaigne aux limites du *sermo pedestris*. La poésie n'est pas seulement ce langage originel dont beaucoup d'échos anciens

---

de France, 1965 ; réimprimée dans la collection "Quadrige", 1988, 3 vol.). C'est à cette édition que nous emprunterons également la plupart des traductions des citations latines portées en note. Quand nous recourrons à une autre édition, le retour à l'édition Villey-Saulnier sera mentionné par un V.

1 *Essais*, I, 37, p. 231.

2 *Essais*, II, 17, p. 635, cf. III, 5, p. 875.

3 *Essais*, I, 26, p. 147.

4 Voir le dialogue pythique plutarquien "Sur l'E de Delphes" dans les *Oeuvres Morales* et les allusions récurrentes qu'y fait Montaigne en particulier la fin de "l'Apologie de Raymond Sebon" et la fin de l'essai "De la vanité".

et quelques échos contemporains, tels que ceux de l'hymne au soleil ronsardien, au cœur de l'"Apologie de Raymond Sebon", ne serviraient qu'à entretenir la nostalgie. Elle est aussi, ici et maintenant, langage vivant, langage "de chair et d'os", qui innerve la prose de Montaigne, autant qu'elle s'y soumet et s'y approprie. C'est à tenter de saisir cette dynamique du texte qui va de l'échange à la fusion que nous nous attacherons ici.

AVERTISSEMENT

La question du rapport établi entre prose et poésie dans les *Essais* n'a jamais été traitée pour elle-même par la critique, seulement effleurée, par Albert Thibaudet ou Floyd Gray par exemple, ou plus récemment par Jules Brody ou Laurence Kritzmann[1]. Le titre et le sujet de l'ouvrage de Phylis Gracey (*Montaigne et la poésie*[2]), pouvaient laisser espérer qu'elle y fût abordée, mais là encore ce n'est que fugitivement. Nous avons donc cherché à cerner cette question le plus précisément possible, en repartant du texte lui-même, du statut et du rôle des seuls éléments indiscutablement poétiques, les citations des poètes. D'où le caractère limité de notre propre approche. Nous avons choisi de nous interroger sur certains de ces moments où prose et poésie sont confrontées, mises en parallèle ou en écho, pour étudier les effets produits par cette rencontre, les effets de contraste autant que d'éclairage réciproque. Nous nous sommes d'abord intéressée à la confrontation de la prose et de la poésie, à ce que nous avons appelé "dialogue" : dialogue établi entre les voix des poètes et des prosateurs convoqués par le texte, autant qu'entre le texte lui-même et les citations. Nous avons ensuite tenté de cerner les effets d'échos, les affinités créées des vers à la prose, ou de la prose aux vers ajoutés *a posteriori*. Nous parlerons plutôt alors de "contrepoint", dans un terme emprunté au vocabulaire musical, mais dont nous userons avec liberté, quand nos analyses nous amèneront à percevoir un dédoublement de la voix, deux lignes de discours mises en parallèle. Nous recourrons enfin au terme d'"interférence" quand ces deux lignes tendront à se rejoindre dans une affinité

[1] Voir nos analyses et notre bibliographie *infra*.

[2] Paris, P. U. F., 1935.

de la prose et des vers qui va jusqu'à l'échange des formes et des fonctions, que la citation poétique soit à la source de cet échange ou qu'elle intervienne *a posteriori* comme signe, indice d'une virtualité de la prose[1]. Nous avons en effet choisi de travailler sur le dernier état du texte, sur l'exemplaire de Bordeaux, et non de procéder à une étude générique, qui nous semblait hasardeuse en une telle matière. Il nous a paru plus probant d'analyser des effets de lecture, des configurations textuelles que de partir à la recherche d'une histoire incertaine. De même il nous a semblé préférable d'user d'une terminologie commune plutôt que de forger un jargon spécifique.

Nous ne prétendons pas que toute citation retentit sur la prose ou que tout effet de prose poétique appelle sa citation, signe et confirmation de sa postulation poétique, ni que dans cette interférence s'expliquerait le style de Montaigne. Nous avons seulement voulu rendre sensible, éveiller l'attention et l'oreille plus encore que le regard à certains effets qui nous semblent parfois discernables. Quant à la démarche que nous avons adoptée, à cette attention portée de préférence au rythme plutôt qu'aux autres indices poétiques — les "lumières de poésie", la richesse du vocabulaire et des figures[2] — elle procède de ce même désir de faire porter l'analyse sur ce que généralement on néglige, de laisser davantage dans l'ombre ce

---

[1] Sur ce point voir les remarquables analyses de Fausta Garavini dans "La formula di Montaigne", *Paragone* 1967, repris dans *Itinéraires à Montaigne*, Paris, Champion, 1995, pour la traduction française: "Chez Montaigne, la citation, la sentence, ne vient pas (ou ne vient pas toujours) 'avant', à l'origine de son discours. Très nombreuses sont les insertions a posteriori, les 'emblemes supernumeraires'" (p. 18).

[2] Pour un bilan sur cette question voir l'étude de Jean Lecointe, "Naissance d'une prose inspirée; "'prose poétique' et néo-platonisme au XVIe siècle en France", *B. H. R.*, LI-1, 1989, p. 13-57, étude d'autant plus précieuse pour nous qu'elle permet de mettre en lumière à quel point Montaigne est irréductible à une telle analyse.

qui a souvent été déjà fort bien étudié[1], mais aussi de cette volonté d'écouter le texte au plus près de l'effet qu'il produit. Notre conviction est par ailleurs plus largement que, quelque pertinente que soit l'approche qui prévaut, concernant le style de Montaigne, quasiment depuis Sainte-Beuve, et qui veut voir dans les *Essais* "une épigramme continue"[2], selon une esthétique qu'a si remarquablement éclairée l'ouvrage de Mercedes Blanco[3], elle ne suffit pas à expliquer la variété stylistique des *Essais*. Leur bigarrure est aussi de cet ordre.

C'est précisément à ce point que nous avons été amenée, pour définir la poésie par rapport à la prose, en même temps que le poétique par opposition au rhétorique, plutôt que de creuser du côté du "conceptisme", à recourir à la notion aristotélicienne de *mimesis*, notion à laquelle nous nous sommes efforcée de donner un sens spécifique, en nous attachant en particulier au statut mimétique qu'attribue la *Politique* d'Aristote aux divers rythmes poétiques de la poésie lyrique qui représentent les passions, les *affectus*[4]. Cela nous a permis d'essayer de décrire, en nous fondant sur une étude du rythme communiqué des vers à la prose, la poésie par et dans son action même. C'était chercher à la cerner dans sa matérialité et la

---

[1] C'est précisément au lexique et aux figures, en particulier la métaphore et la métonymie, qu'on s'est presque toujours exclusivement intéressé s'agissant des *Essais*, voir notre bibliographie et nos analyses *infra*.

[2] Approche qui est celle de Fausta Garavini dans "la formule de Montaigne" comme de R. Fromilhague dans "Montaigne et la nouvelle rhétorique", *Critique et création littéraires en France au XVIIe siècle*, éd. M. Fumaroli, Paris, 1977, p. 55-67.

[3] *Les Rhétoriques de la pointe, Baltasar Gracìan et le conceptisme en Europe*, Paris, Champion, 1992.

[4] Ou plus exactement les"caractères" (èthos) et les "émotions" (pathos), Aristote, *Politique*, livre VIII, 1340a. Voir sur tous ces points les analyses de Laurent Jenny, "Poétique et représentation", *Poétique* 58, avril 1984, p. 171-195.

définir ainsi dans l'effet qu'elle produit, non l'évaluer à l'aune de son aptitude à imiter un objet préexistant. Il s'agira donc en dernière instance ici, une fois établie la part du dialogue et du contraste, de mettre en lumière comment le texte des *Essais*, parfois, quand il tente de communiquer au lecteur l'émotion, les diverses passions ou le seul mouvement tend à devenir poétique.

Nous avons intitulé notre étude essai dans cette exacte mesure. Il ne s'agit de rien d'autre que de mettre en œuvre une hypothèse, de tenter d'éclairer, d'élucider des effets de lecture, effets suscités par la lecture particulière de passages particuliers.

PREMIÈRE PARTIE

DIALOGUE
SATURA, PROSE ET POÉSIE

Non eadem (consuetudo) oratoris & poetae quod eorum non idem jus.

VARRON (*Satires Ménippées*)

CHAPITRE I

Satura et dialogue des citations

Le mélange de vers et de prose est une caractéristique de la satire[1] et en particulier des *Satires Ménippées* de Varron — dont la réception et l'imitation furent si importantes à la Renaissance[2] — qui se situent dans la tradition ménippéenne de Lucien et sans doute, autant qu'on puisse en juger, de Ménippe[3]. C'est bien ce mélange des modes d'expression, prose et de vers, comme de tons, sérieux et comique, et de langues, latin et grec, qui caractérise le genre de la Ménippée, tel que l'a pratiqué

---

1 A. Fouquelin dans son commentaire des *Satires* de Perse (*In Aulii Persii Satyras commentarius*, Paris, A. Wechel, 1555) insiste longuement sur l'aspect composite de la satire. cf l'étude consacrée par A. Michel à "Buchanan et la satire" pour l'histoire de la satire à Rome et le mélange de mètres chez Lucilius, de vers et de prose chez Varron, qui la caractérise à l'origine (*La Satire au temps de la Renaissance*, Paris, J. Touzot, 1986, en particulier p. 13-14).

2 De l'étude de Fouquelin déjà citée à la *Satura Menippea* de Juste Lipse au traité *Sur la satire latine* de Casaubon. Voir sur la vogue de la manière ménipéenne J. H. Salmon, "French satire in the late sixteen century" (*Sixteen century Journal*, VI, 2, Oct. 1975, pp. 57-88.) et pour la façon dont cette forme est mise au service du pamphlet les *Etudes sur la Satyre Ménippée* réunies par F. Lestringant et D. Ménager, Genève, Droz, 1987, en particulier l'étude de M. D. Legrand et D. Ménager "Vers et prose" (pp. 85-103). Voir plus largement sur ce privilège du satirique à la Renaissance les analyses de Jean Jehasse dans *la Renaissance de la critique* (Saint-Etienne, 1976, p. 85 et *passim*) et la thèse de Pascal Debailly : *L'esthétique de la satire chez Mathurin Régnier* dont toute la première partie est consacrée à l'étude du genre satirique (Thèse Paris X, 1992).

3 Voir pour les *Satires Ménippées* de Varron l'édition et les commentaires de J. P. Cèbe et plus spécifiquement le Tome I, pour la distinction faite entre Lucien dont les passages poétiques sont toujours des citations et Varron qui, comme Pétrone dans le *Satiricon*, donne la primauté aux créations poétiques originales (Varron, *Satires Ménippées*, Rome, 1972, p. 21).

Varron. L'analyse qu'en fait Isaac Casaubon, le grand théoricien de la satire latine du tout début du XVIIe siècle[1], en témoigne :

> *Enim vero mirificum prorsus et multiplici varietate notabile, ne dicam monstruosum, opus edidit Varro, cum in illo opere prosam miscens cum carmine, seria cum jocis, Graeca cum Latinis, (id enim et fragmenta arguunt) novae scriptionis exemplum Latinis suis primus dedit*[2].

Nous retrouvons ce mélange de modes, de tons, de langues chez Montaigne et tous les termes qu'il emploie pour désigner son œuvre, fagotage, bigarrure, farcissure, la situent très précisément dans cette lignée de la *farrago*[3], du pot-pourri satirique. Or ce caractère constitutionnellement composite de la Ménippée nous semble pouvoir être analysé, dans son influence ou ses affinités avec le texte de Montaigne[4], dans les termes même employés par A. Tournon : "En annexant des modes d'expression hétérogènes et en jouant sur leurs incompatibilités,

---

1 Voir sur ce point les analyses de P. Debailly qui rappelle que c'est Isaac Casaubon qui le premier a défini la spécificité de la satire latine et défendu la formule quintilienne (*satura quidem tota nostra est*) en dénonçant la fausse étymologie qui rattachait satire à satyre, *satura* et drame satyrique (*op. cit.*, thèse dactylographiée, pp. 35 et s.).

2 *De Romanorum Satira* in *Museum philologicum et historicum*, Lugduni Batavorum, Sumtibus Abrahami Vander Mijn, 1699, p. 197 (1ère éd. 1605). "Varron a en effet produit une œuvre tout à fait étonnante et remarquable par sa très grande variété, pour ne pas dire monstrueuse, car il mêle dans son ouvrage la prose et les vers, le sérieux et le comique, le Grec et le Latin (de cela même les fragments témoignent), donnant ainsi le premier aux Latins l'exemple d'une manière d'écrire toute nouvelle."

3 Terme de Juvénal dans la satire I :

> *quidquid agunt homines, votum, timor, ira, voluptas*
> *gaudia, discursus, nostri* ***farrago*** *libelli est.* (v. 85-6)

Sur les variantes et la fortune du terme, voir F. Goyet, "Bigarrure et Bigarrures (à propos des Bigarrures de Tabourot des Accords)" in *Mélanges à la mémoire de V. L. Saulnier*, Genève, Droz, 1984, p. 567-79.

4 L'influence même de la diatribe antique nous semble indissociable de cette médiation.

la Ménippée confronte sans cesse divers systèmes de représentations et de valeurs dont les bribes entremêlées se perturbent mutuellement"[1].

Cette confrontation constitue très précisément le ressort de nombreux textes de Montaigne et de manière privilégiée de ce texte essentiel qu'est l'"Apologie de Raymond Sebon". L'"Apologie de Raymond Sebon" n'introduit pas en effet seulement des vers dans la prose pour amener mouvement et dialogue, pour destabiliser toutes les affirmations et toutes les certitudes par le jeu des questions[2], mais fait servir remarquablement le dialogue des citations prosaïques et poétiques à la multiplication des voix et à la mise en scène, dans une démarche qui annonce le banquet du *Moyen de Parvenir*, du brouhaha, du "tintamarre" des opinions diverses ou contradictoires, dans un jeu permanent sur la rupture de rythme, de style, de mode et de genre qu'entraîne le passage des vers à la prose. Au vers grec de Sophocle, aux aphorismes français de l'Ecclésiaste :

> C'est ce que dit ce vers ancien Grec, qu'il y a beaucoup de commodité à n'estre pas si advisé,
>
> *Ἐν τῷ φρονεῖν γὰρ μηδὲν ἥδιστος βίος*
>
> et l'Ecclesiaste : En beaucoup de sagesse, beaucoup de desplaisir : et, qui acquiert science, s'aquiert du travail et tourment.

répondent dans l'exemplaire de Bordeaux les échos stoïciens des *Lettres à Lucilius* ou des *Tusculanes* :

---

1 "Le paradoxe Ménippéen dans l'œuvre de Rabelais", *Etudes Rabelaisiennes XXI*, Genève, Droz, 1988, p. 309.

2 Voir sur ce point notre article paru dans le *B. S. A. M* "Prose et poésie dans *les Essais*, action et mouvement" (VII° série, n° 37-38, juillet-décembre 1994, p. 9-22) et surtout l'ouvrage de Christine Brousseau Beuermannn *La copie de Montaigne, Etude sur les citations dans les "Essais"*, Paris-Genève, Champion-Slatkine, 1989, en particulier p. 177 sur la "fonction discursive des citations" : "Les arguments avancés par les uns et par les autres, en latin et en français, introduisent dans l'Apologie un dialogisme propre à la polémique, qui n'est pas sans rappeler la diatribe antique."

> *"Placet ? pare. Non placet ? quacunque vis, exi"*;
> *"Pungit dolor ? Vel fodiat sane. Si nudus es, da jugulum ; sin tectus armis Vulcaniis, id est fortitudine, resiste*[1]" ; et ce mot des Grecs convives qu'ils y appliquent : *"Aut bibat, aut abeat"*.

Ces échos sont aussitôt démentis ou plutôt confrontés à leur vérité par les vers d'Horace puis de Lucrèce, et questionnés par la prose de Montaigne qui fait ainsi apparaître dans cette confrontation, dans ce mélange même, la vanité des impératifs et des injonctions philosophiques :

> *Vivere si recte nescis, decede peritis ;*
> *Lusisti satis, edisti satis atque bibisti ;*
> *Tempus abire tibi est, ne potum largius æquo*
> *Rideat et pulset lasciva decentius ætas*[2];

> Qu'est-ce autre chose qu'une confession de son impuissance et un renvoy non seulement à l'ignorance, pour y estre à couvert, mais à la stupidité mesme, au non sentir et au non estre ?

> *Democritum postquam matura vetustas*
> *Admonuit memorem motus languescere mentis,*
> *Sponte sua leto caput obvius obtulit ipse*[3].

Et l'*exi* de Sénèque retentit modifié dans le *tempus abire tibi est* d'Horace comme le *bibat* dans le *bibisti* et le *da jugulum* de Cicéron dans le *caput obtulit* de Lucrèce dans un jeu ironique fondé sur la rupture de style, le retour du sens figuré au sens propre, dont nous retrouvons maintes variations tout au long du chapitre.

---

1 *Essais*, II, 12, p. 496 : "Te plaît-elle? soumets-toi. Ne te plaît-elle pas? Sors-en par où tu voudras." "La douleur te cuit? Mettons même qu'elle te torture. Si tu es sans défense, tends la gorge ; mais si tu es couvert des armes de Vulcain, c'est-à-dire de courage, résiste."

2 *Ibid.* : "Si tu ne sais pas vivre bien, cède la place à ceux qui savent. Tu as assez folâtré, assez mangé, assez bu ; il est temps pour toi de te retirer, sans quoi tu risquerais de trop boire et la jeunesse lascive pourrait justement se moquer de toi et te chasser."

3 *Ibid.* : "Démocrite, averti par une vieillesse avancée du déclin de sa mémoire et de ses facultés, de son propre mouvement s'en alla offrir sa tête au destin."

Les ajouts C de citations prosaïques semblent avoir précisément pour but de multiplier ces rencontres et ces conversions, ces dissonances et ces jeux de miroir ironiques. Une page plus haut sont ainsi convoquées deux autorités contradictoires et données pour telles dans une superbe révocation du principe même d'autorité dont plus loin Montaigne ne manquera pas de se gausser[1] :

> [C]Et cela est faux : "*Est situm in nobis, ut et adversa quasi perpetua oblivione obruamus, et secunda jucunde et suaviter meminerimus.*"[2] Et cecy est vray : "*Memini etiam quæ nolo, oblivisci non possum quæ volo.*[3]" [A] Et de qui est ce conseil ? de celuy [C] "*qui se unus sapientem profiteri sit ausus*[4]",
>
> *[A] Qui genus humanum ingenio superavit, et omnes*
> *Praestrinxit stellas, exortus uti ætherius sol*[5].

Le dialogue de la prose et de la poésie accentue ainsi l'ironie du dialogue précédent, dialogue prosaïque qui fait lui même écho à un dialogue poétique[6], orchestre dans l'écho des termes et des tournures (de l'anadiplose *meminerimus/ Memini* à l'anaphore du *qui*) la satire des prétentions et des ambitions de la philosophie qui ne reçoit plus d'éloges que de son aveu

---

1 Voir p. 585-6, et en particulier l'ajout [C] de cette dernière page : "Est-il possible qu'Homère aye voulu dire tout ce qu'on luy faict dire..." pour l'affinité marquée avec le prologue du *Gargantua*.

2 *Ibid.*, p. 494-5 : "Il est en notre pouvoir d'ensevelir en quelque sorte nos malheurs dans un oubli perpétuel et de réveiller l'agréable et doux souvenir de nos prospérités." (Cicéron *De finibus*)

3 *Ibid.* : "Je garde mes souvenirs même quand je ne le veux pas, et je ne puis les oublier quand je le veux."

4 *Ibid.* : "Qui seul a osé se proclamer sage."

5 "Qui s'est élevé par son génie au dessus de l'humanité, et a éclipsé tous les hommes comme le soleil en se levant éclipse les étoiles."

6 Aux deux vers italien et latin dont le premier contredit l'affirmation d'Epicure citée plus haut et s'offre en antithèse au deuxième :

Che ricordarsi il ben doppia la noia. (car le souvenir du bien passé double la peine)

Suavis est laborum præteritorum memoria. (Doux est le souvenir des maux passés)

d'impuissance. Ainsi se cristalliserait dans ce jeu propre à la *satura*, dans cette confrontation de modes d'expression hétérogènes, la stratégie propre à l'Apologie[1].

Si citations prosaiques et poétiques ont en effet l'air parfois de concourir, de se confirmer mutuellement, c'est pour mieux préparer le plus souvent les renversements et les décalages ultérieurs. Ainsi des phrases indignées de Cicéron et de saint Augustin qui font écho (à la lettre même de l'exclamation du *tantum* au *tanta* cicéronien au *tantus* augustinien) à la trop célèbre formule lucrétienne :

> *Tantum relligio potuit suadere malorum*[2]*!*
>
> [C]"*Qua fuit tanta deorum iniquitas, ut placari populo Romano non possent, nisi tales viri occidissent*[3]."
>
> [C]"*Tantus est perturbatae mentis et sedibus suis pulsae furor, ut sic Dii placentur, quemadmodum ne homines quidem saeviunt*[4]."

Or cette phrase du *De Natura Rerum*, déjà présente en 1580, dans une formulation très proche :

> *saepius olim*
> *Relligio peperit scelerosa atque impia facta*[5].

est opposée dans l'exemplaire de Bordeaux à la vision chrétienne de Saint Paul, "*Infirmum dei fortius est hominibus, et*

---

1 Sur ce point, je ne saurais que renvoyer aux analyses d'André Tournon dans *la Glose et l'Essai*, Lyon, Presses Universitaires de Lyon, 1983, p. 228-256.

2 *Essais*, II, 12, p. 521.

3 *Ibid.*, p. 522 : "Quelle était cette grande iniquité des dieux de ne consentir à être favorables au peuple romain qu'au prix de la vie de tels hommes!" (Cicéron, *de Natura Deorum*)

4 *Ibid.* : "Telle est la folie de leur âme troublée et hors de ses gonds qu'ils pensent apaiser les dieux en surpassant même toutes les cruautés des hommes." (saint Augustin, *Cité de Dieu*)

5 *Ibid*, p. 523 : "Bien souvent dans le passé la religion a imposé des actes criminels et impies."

stultum dei sapientius est hominibus.[1]", qui renverse tous les jugements antérieurs[2] faisant écho à d'autres citations de Lucrèce, déplaçant ainsi du même coup toutes les oppositions simples du paganisme au christianisme, de leur dieu au "nostre".

Quelques pages plus loin, la folie des hommes forgeurs de dieux est condamnée du haut de la philosophie aussi bien en prose qu'en vers, là encore dans un écho appuyé d'une fiction à l'autre, de *finxere* à *figmenta* :

> "*Quod finxere timent*
> ... [C] "*Quasi quicquam infelicius sit homine cui sua figmenta dominantur*[3]."

Or parole poétique n'est ici prêtée à la philosophie que pour mieux la renvoyer elle-même à la fiction et à l'interrogation ironique et prosaïque de Montaigne :

> [C] L'homme est bien insensé. Il ne sçauroit forger un ciron, et forge des Dieux à douzaines.
> Oyez Trismegiste louant nostre suffisance : De toutes les choses admirables a surmonté l'admiration, que l'homme aye peu trouver la divine nature et la faire. [B]Voicy des argumens de l'escole mesme de la philosophie,
> *Nosse cui Divos et cœli numina soli,*
> *Aut soli nescire, datum*[4]:
> Si Dieu est, il est animal, s'il est animal, il a sens ; et s'il a sens, il est subject à corruption. S'il est sans corps, il est sans ame, et par consequant sans action ; et s'il a corps, il est perissable. Voylà pas triomfé ?

---

1 *Ibid* : "La faiblesse de Dieu est plus forte que les hommes, et la folie de Dieu plus sage que leur sagesse."

2 Dans une démarche qui n'est pas sans rappeler ici celle de l'*Eloge de la folie*.

3 *Ibid.*, p. 530 : "Ils s'effraient de leur propre fiction." (Lucain) "Quoi de plus malheureux que l'homme esclave de ses chimères.".

4 *Ibid.* : "A qui seule il est donné de connaître les dieux et les puissances celestes ou seule de savoir qu'il est impossible de les connaître." (Lucain)

Montaigne joue ainsi à renvoyer les phrases d'un même auteur l'une à l'autre, par le biais d'autres interférences et à renvoyer à la fiction ceux-mêmes qui la condamnent, non sans un écho ironique là encore d'une phrase de Sénèque citée plus haut qui rendait déjà le philosophique au fictif – "*unicuique ista pro ingenio finguntur, non ex scientiæ vi*[1]." – comme le jeu des citations convertissait déjà la prose à la poésie[2].

Ce jeu satirique se prolonge à la page suivante (p. 531) dans la rencontre des propos d'Augustin et de la fable de la grenouille qui voulait se faire aussi grosse que le boeuf, dans un effet à nouveau appuyé de rupture de ton et de burlesque — qui annonce de loin le "qui veut faire l'ange fait la bête" — et de dialogue du texte de Montaigne avec le texte d'Horace, où l'ironie était à son encontre, et la deuxième personne une première personne :

> Estirons, eslevons et grossissons les qualitez humaines tant qu'il nous plaira ; enfle toy, pauvre homme, et encore, et encore, et encore :
>
> *Non, si te ruperis, inquit.*
>
> [C] "*Profecto non Deum, quem cogitare non possunt, sed semet ipsos pro illo cogitantes, non illum sed se ipsos non illi sed sibi comparant*[3]."

1 *Ibid.*, p. 511 : "Ces systèmes sont les fictions du génie de chaque philosophe, et non le résultat de leurs découvertes." Ce jugement est porté ici à propos des divers systèmes du monde reposant sur "leurs Atomes, leurs Idées ou leurs Nombres" proposés par Epicure, Platon ou Pythagore. Cf. la maxime plus haut qui reprend toujours le même "fingere" : *quam docti fingunt, magis quam norunt.* (*Ibid.* p. 507).

2 Voir *Ibid.*, p. 513-4 et en particulier l'hymne ronsardien au soleil cité à l'appui des diverses conceptions philosophiques du monde.

3 *Ibid.*, p. 531 : "Non pas même quand tu crèverais." (Horace, *Satires*)

"Certes les hommes en croyant se représenter Dieu, qu'ils ne peuvent concevoir, se représentent eux-mêmes, ils ne voient qu'eux et non pas lui. C'est à eux, non pas à lui qu'ils le comparent." (saint Augustin, *Cité de Dieu*. Cf.*De Trinitate* sur croyance et fiction en particulier VIII, 4-5.)

Ainsi Montaigne cède-t-il la parole aux opinions, aux courants, aux personnages les plus divers non seulement pour mettre en lumière le "tintamarre de tant de cervelles philosophiques"[1], le "bastelage"[2] des hommes, comme si l'essai, entièrement porté par l'anaphore des "dit", n'était qu'une immense chambre de résonance satirique, tour de Babel[3] et de babil dont les disparités expressives accentuent la diversité et l'incohérence conceptuelles. Mais il procède à la manière qui sera celle du *Moyen de Parvenir* orchestrant "la magnifique mélodie de l'antiquaille et de la nouveauté"[4] pour libérer précisément l'esprit de tout dogme, de toute pensée préétablie. Montaigne explique ainsi un peu plus loin comment l'exploration de la variété l'a justement "gardé de rouler sans cesse" :

> Les escrits des anciens, je dis les bons escrits, pleins et solides, me tentent et me remuent quasi où ils veulent ; celuy que j'oy me semble tousjours le plus roide ; je les trouve avoir raison chacun à son tour, quoy qu'ils se contrarient. Cette aisance que les bons esprits ont de rendre ce qu'ils veulent vray-semblable, et qu'il n'est rien si estrange à quoy ils n'entreprennent de donner assez de couleur pour tromper une simplicité pareille à la mienne, cela montre evidemment la foiblesse de leur preuve[5].

Exemplaire à cet égard est la convocation de toutes les formes de la croyance, à la suite des pages que nous venons de

1 *Ibid.*, p. 516.

2 *Ibid.*, p. 529.

3 Voir *Ibid.*, p. 553 : "C'est pour le chastiement de nostre fierté et instruction de nostre misere et incapacité que Dieu produisit le trouble et la confusion de l'ancienne tour de Babel... La diversité d'ydiomes et de langues, dequoy il troubla cet ouvrage, qu'est ce autre chose que cette infinie et perpetuelle altercation et discordance d'opinions et de raisons qui accompaigne et embrouille le vain bastiment de l'humaine science."

4 Béroalde de Verville, *Le Moyen de Parvenir*, éd. publiée et commentée par Paul L. Jacob, Paris, 1841, p. 5.

5 *Essais*, II, 12, p. 569-70.

lire, où l'alternance des citations poétiques et des citations prosaïques ou des interventions ironiques de Montaigne, faisant parler, par la bouche de Xénophane, un oison, une grue, joue sans cesse de la rupture de ton pour mettre en lumière ce risible "bastelage des déifications anciennes" :

> Car pourquoy ne dira un oison ainsi : Toutes les pieces de l'univers me regardent ; la terre me sert à marcher, le Soleil à m'esclairer, les estoilles à m'inspirer leurs influances (...) Autant en diroit une grue, et plus magnifiquement encore pour la liberté de son vol et la possession de cette belle et haute region : [C] "*tam blanda conciliatrix et tam sui est lena ipsa natura !*" [1]
> [B] Or donc, par ce mesme trein, pour nous sont les destinées, pour nous le monde (...) Regardés le registre que la philosophie a tenu deux mille ans et plus des affaires celestes. Les dieux n'ont agi, n'ont parlé que pour l'homme (...) les voylà contre nous en guerre,
> *domitosque Herculea manu*
> *Telluris juvenes...*[2]

Ainsi sont mis sur le même plan la parole de l'oison ou de la grue, les propos philosophiques de Cicéron et la parole mythique du poète, dans une association des modes d'expression les plus disparates qui fait éclater l'ironie de leurs ressemblances. Les deux pages suivantes prolongeront ce "bastelage" faisant parler tour à tour les poètes et les philosophes[3], dans un dialogue orchestré autour de la rencontre des vers d'Ovide avec la prose de saint Augustin qui éclaire bien le sens du chapitre qui n'approche lui-même de la vérité qu'en demeurant recherche :

---

1 *Ibid.*, p. 533 : "Tant la nature est aimable, conciliatrice, et douce pour ce qu'elle a créé." (Cicéron, *De natura deorum)*

2 *Ibid.* : "Ils sont domptés par la main d'Hercule, les Titans fils de la terre..." (Horace, *Odes*)

3 Voir la prosopopée p. 535 : "Si vous demandez à la philosophie de quelle matière est le ciel et le Soleil, que vous respondra elle, sinon de fer ou, [C] avecq Anaxagoras, [B] de pierre (...) [C] S'enquiert on à Zenon que c'est que nature? Un feu, dict-il ..."

> [C] L'homme forge mille plaisantes societez entre Dieu et luy. Est il pas son compatriote ?
>
> *Jovis incunabula Creten*[1].
>
> Voicy l'excuse que nous donnent, sur la consideration de ce subject, Scevola, grant Pontife, et Varro, grand théologien, en leur temps : Qu'il est besoin que le peuple ignore beaucoup de choses vrayes et en croye beaucoup de fausses ; "*cum veritatem qua liberetur, inquirat, credatur ei expedire, quod fallitur*[2].

Les discours directs ou indirects par lesquels est donnée parole aux philosophes tout comme le dialogue entre les vers de Virgile ou Ovide et ses propres commentaires jouent du burlesque du rapprochement des "opinions supercelestes" et des mœurs trop terrestres[3] pour libérer par le rire de la satire la pensée.

Or cette mise en miroir des citations poétiques et des discours rapportés philosophiques, comme des citations poétiques et prosaïques au long du chapitre qui fait de manière concertée dialoguer poésie et philosophie aboutit à une définition de Platon comme poète, renversement ultime qui rend toute la philosophie à la fiction dans la lignée exacte de la formule sénéquienne citée plus haut, et de la variation lexicale latine et française sur la fiction (*fingere, figmenta*, forger, forgeur) qui est le propre du poète[4] :

> Et certes la philosophie n'est qu'une poësie sophistiquée. D'où tirent ces auteurs anciens toutes leurs authoritez, que des poëtes ?

---

1 *Ibid* : "Crète, berceau de Jupiter."

2 *Ibid* : "Comme il ne cherche la vérité que pour s'affranchir, soyons certain qu'il est de son intérêt d'être trompé."

3 Voir en particulier p. 534, pour la rupture de ton entre la prose de Montaigne et les vers de l'*Enéide*, des *Fastes* ou la prière du *De Divinatione*.

4 Voir G. Genette *Fiction et Diction* (Paris, Seuil, 1991) sur la fiction/*fictio* comme traduction latine et française de la mimesis aristotélicienne, voir aussi pour la spécificité du terme *fictor* à la Renaissance et en particulier le débat sur la rivalité entre peinture et poésie l'article d'Anne-Marie Lecoq : "*Finxit* : le peintre comme *fictor* au XVIe siècle", *B. H. R.* XXXVII, 1975, p. 225-243.

> Et les premiers furent poëtes eux mesmes et la traicterent en leur art. Platon n'est qu'un poëte descousu. Timon l'appelle, par injure, grand forgeur de miracles[1].

Montaigne ne s'amuse pas seulement ici à donner à Platon un titre que lui-même n'estimait pas digne de sa *République* ou à contredire Aristote qui excluait au début de la *Poétique* les dialogues socratiques de son champ d'étude[2], il réactive et renouvelle par là-même tout le débat entre prose et poésie, philosophie, rhétorique et poésie poursuivi de l'*Orator* à l'*Institution oratoire*[3]. Dans un processus de renversement et de détournement caractéristique de la *satura*, l'"injure" devient en effet ici compliment, ce qui semblait invalider toute l'entreprise philosophique est en dernière instance ce qui la sauve. Le dialogue précédent entre prose et poésie en acquiert une autre profondeur, tout comme l'importance des citations de Lucrèce dans le chapitre[4].

A propos de l'âme, les doctrines philosophiques sont principalement commentées en vers[5], et en particulier dans les vers de Lucrèce :

> [A] Il n'y a pas moins de dissention ny de debat à la loger. Hipocrates et Hierophilus la mettent au ventricule du cerveau ; Democritus et Aristote, par tout le corps,
>
> *[B] Ut bona sæpe valetudo cum dicitur esse*
> *Corporis, et non est tamen hæc pars ulla valentis*[6];
>
> [A] Epicurus, en l'estomac,

---

1 *Essais*, II, 12, p. 537.

2 *Poétique*, 47b.

3 Cf. Cicéron, *Orator*, 62 et Quintilien, *Institution oratoire*, X, 1, 81.

4 Voir sur ce point l'article de G. Ferreyrolles, "Les citations de Lucrèce dans l'"Apologie de Raymond Sebon"", *B. S. A. M.*, 5° série, 17, 1976, p. 49-63 ; et S. Fraisse, *L'influence de Lucrèce en France au XVI° siècle*, Paris, Nizet, 1962.

5 La prose de Cicéron n'intervenant plus qu'à titre critique comme autant d'indices de distance, voir en particulier *Ibid.*, p. 543 et 546.

6 *Ibid.*, p. 543 : "Comme on dit souvent que le corps possède la santé, sans qu'on entende par là qu'elle est une partie de l'homme en santé."

> *[B] Hic exultat enim pavor ac metus, hæc loca circum*
> *Lætitiæ mulcent*[1].

jusqu'à ce qu'elles soient exprimées par les vers de Virgile et surtout là encore de Lucrèce[2]. En contrepoint des citations poétiques qui annexent de plus en plus évidemment le territoire philosophique se poursuit une interrogation de la philosophie du point de vue de la poésie ou du moins relativement à elle. Les carences mêmes de la philosophie se marquent dans ce qu'elle a laissé à la poésie :

> Ils ont ce dilemme toujours en la bouche pour consoler nostre mortelle condition : Ou l'ame est mortelle, ou immortelle. Si mortelle, elle sera sans peine ; si immortelle, elle ira en amendant. Ils ne touchent jamais l'autre branche : Quoy, si elle va en empirant ? Et laissent aux poëtes les menaces des peines futures. Mais par là ils se donnent beau jeu. Ce sont deux omissions qui s'offrent à moy souvent en leurs discours[3].

De même, ses plus hautes réussites n'existent que dans ce qu'elle lui doit[4] ou là où elle rivalise avec elle : "Voyez prendre à mont l'essor à Platon en ses nuages poetiques ; voyez chez luy le jargon des Dieux", hauteur dont il choit aussitôt pour se montrer fort prosaïquement indigne des "nuages poetiques" : "Mais à quoy songeoit-il quand il definit l'homme un animal à deux pieds, sans plume..."[5]

La philosophie ironiquement condamnée à maintes reprises pour ses affabulations dans une confrontation très fréquente où à la citation prosaïque revient le jugement critique, à la poésie

1 *Ibid.* : "Car c'est là qu'on sent les tressaillements de la crainte et de la terreur, c'est cette région que la joie caresse."

2 Voir *Ibid.*, p. 547-551.

3 *Ibid.*, p. 551.

4 *Ibid.*, p. 555 : "Platon, qui dict tenir de Pindare et de l'ancienne poësie cette creance des infinies vicissitudes [...] . conclud en elle une singuliere science des affaires du ciel."

5 *Ibid.*, p. 544.

les fantaisies philosophiques, retrouve valeur quand elle n'est plus jugée qu'à l'aune de l'invention poétique, d'où la supériorité des anciens sur les modernes : "La liberté donq et gaillardise de ces esprits anciens produisoit en la philosophie et sciences humaines plusieurs sectes d'opinions differentes."[1] On retrouve ici de manière caractéristique l'écho du jugement que Montaigne portera dans "Sur des vers de Virgile" sur la seule poésie : "C'est la gaillardise de l'imagination qui esleve et enfle les parolles."[2]

A partir de là, après une ultime confrontation ironique entre les vers d'Ovide qui disent le mouvement de la métamorphose en même temps que la nécessité d'accepter l'inachèvement d'un savoir qui n'existe que dans l'usage et le passage :

> Ce que ma force ne peut descouvrir, je ne laisse pas de le sonder et essayer ; et en retastant et pétrissant cette nouvelle matiere, la remuant et l'eschaufant, j'ouvre à celuy qui me suit quelque facilité pour en jouir plus à son ayse, et la luy rends plus soupple et plus maniable,
>
> *Ut hymettia sole*
> *Cera remollescit, tractataque pollice, multas*
> *Vertitur in facies, ipsoque fit utilis usu*[3].

et l'affirmation péremptoire de Cicéron — "*Non potest aliud alio magis minusve comprehendi, quoniam omnium rerum una est definitio comprehendendi.*"[4] — un contrepoint s'instaure entre le discours prosaïque de l'auteur s'affirmant comme tel à la première personne et les fragments poétiques qui sont autant désormais

1 *Ibid.*, p. 559.

2 *Essais*, III, 5, p. 873.

3 *Essais*, II, 12, p. 560 : "Comme la cire de l'Hymette s'amollit au soleil, et pétrie sous le pouce, prend mille formes et par l'usage même devient plus utile.", dans un beau commentaire de la fable de Pygmalion, de cet instant où la cire devient chair, la pensée mouvement.

4 *Ibid.*, p. 561 : "Une chose ne peut être plus ou moins comprise qu'une autre parce que pour toutes choses il n'y a qu'une manière de comprendre."

non plus de facettes des diverses opinions philosophiques mais d'images, de métaphores du mouvement et de l'inconstance, fragments non plus essentiellement lucrétiens mais catulliens et virgiliens. L'expression de la relativité d'un jugement redevenu individuel[1] va de pair avec le recours à une expression poétique à dominante non plus cosmologique ou philosophique mais lyrique :

> Je ne fay qu'aller et venir : mon jugement ne tire pas tousjours en avant ; il flotte, il vague,
>
> *velut minuta magno*
> *Deprensa navis in mari vesaniente vento*[2][...]
>
> Autant que je m'estois jetté en avant, je me relance d'autant en arriere :
>
> *Qualis ubi alterno procurrens gurgite pontus...*[3]
>
> Et qui sçait qu'une tierce opinion, d'icy à mille ans, ne renverse les deux precedentes ?
>
> *Sic volvenda ætas commutat tempora rerum...*[4]

Et la seule citation prosaïque qui s'insère ici épouse ce mouvement métaphorique pour donner l'image non plus de l'inconstance mais de la tranquillité d'esprit en un contrepoint ironique, exemplaire là encore des rôles attribués à chacun des modes d'expression que souligne à plaisir le faisceau des questions posées aux convictions épicuriennes rapportées par la bouche de Cicéron,

> Ou bien ont-ils creu autrement et les [les passions] ont prinses comme tempestes qui desbauchent honteusement l'ame de sa

---

1 Voir par exemple p. 565 : "Moi qui m'espie de plus prez, qui ay les yeux incessamment tendus sur moy...", phrase qui introduit une citation des *Odes* d'Horace.

2 *Ibid.*, p. 566 : "Comme une frêle barque surprise sur la vaste mer par un vent furieux." (Catulle)

3 *Ibid.*, p. 569 : "Ainsi la mer dans un mouvement périodique..." (Virgile *Enéide*)

4 *Ibid.*, p. 570 : "Ainsi dans sa course le temps change les conditions des choses." (Lucrèce).

tranquillité ? "*Ut maris tranquillitas intellegitur, nulla ne minima quidem aura fluctus commovente...*"[1]

Le texte[2] vient pour finir se renouveler à la source satirique de Juvénal (pp. 576-7) puis de Martial (p. 584)[3] avant de se laisser envahir par Lucrèce, le poète-philosophe des sens, de leur illusion et de leurs séductions, non sans un détour par les deux fables ovidiennes de l'illusion des sens que sont celles de Narcisse et de Pygmalion (p. 594).

Ainsi l'Apologie s'achève-t-elle à la fois sur le triomphe des sens, de leurs pouvoirs et leurs fallaces et du langage poétique, fables ovidiennes et images lucrétiennes, langage sensible, sensible au coeur et aux sens, comme le rappelle une réflexion finale sur la voix et les vers :

> Quant à moy, je ne m'estime point assez fort pour ouyr en sens rassis des vers d'Horace et de Catulle, chantez d'une voix suffisante par une belle et jeune bouche[4].

La confrontation des vers et de la prose, des vers poétiques et de la prose philosophique[5], conduit donc ici non seulement à une déstabilisation de toutes les opinions, de toutes les certitudes, mais à une réflexion sur le sensible et l'intelligible, le concret et l'abstrait, le fictif et le philosophique qui situe l'écriture de Montaigne à leur frontière, dans l'entr'ouvert, dans ce mi-chemin qui est aussi celui de la prose et des vers.

---

1 *Ibid.*, p. 567 : "De même que le calme de l'océan ne peut être saisi que par l'absence du souffle le plus léger qui riderait la surface de l'eau."

2 Après un long détour par l'exploration des coutumes (p. 573-4) et des diverses saisons, climats, moments et lieux des opinions, où la poésie perd ses droits.

3 Qui consacrent la ruine de la raison.

4 *Ibid.*, p. 593.

5 Mais aussi parfois de la prose et des vers philosophiques, et c'est tout l'enjeu du statut de Lucrèce ou de certaines citations comme celles de Virgile (*Ibid.*, p. 547 ou 555) qui changent de signe dans ce rapport subtil de la philosophie à la poésie.

On retrouve tout au long des *Essais* ce dialogue ironique des citations prosaïques et poétiques, mais surtout à partir du deuxième livre, après l'Apologie et comme dans son sillage : de l'ajout C du chapitre "De la praesumption" qui accentue la distance du précepte au vécu :

> *[C] "Memoria certe non modo philosophiam, sed omnis vitae usum omnesque artes una maxime continet*[1]*."*
> *[A] Plenus rimarum sum, hac atque illac effluo*[2]*.*

au jeu plus subtil de renversement opéré dans le même chapitre, où la critique d'une éducation incapable de privilégier autre chose que le beau langage et les "beaux mots" passe par le recours aux "beaux mots" d'Horace,

> *faciasne quod olim*
> *Mutatus Polemon ? ponas insignia morbi...*[3]

aussitôt modulés par la simplicité de la formule de Lactance qui réduit la part des mots autant que la valeur des manifestations démonstratives : [C]*Plus sapit vulgus, quia tantum quantum opus est, sapit.*[4]

La confrontation de modes d'expression différents passe aussi souvent par la confrontation de styles, ainsi dans le chapitre "Toutes choses ont leur saison" qui revient de l'interpellation satirique d'Horace,

> [B] *Tu secanda marmora*
> *Locas sub ipsum funus, et sepulchri*
> *Immemor, struis domos*[5]*.*

---

1 *Essais*, II, 17, p. 651 : "Il est certain que la mémoire est le réceptacle unique non seulement de la philosophie, mais encore de tout ce qui concerne la pratique de la vie et de tous les arts." (Cicéron, *Académiques*)

2 *Ibid.* : "Je suis tout percé de trous, je perds de tous les côtés." (Térence *Eunuque*)

3 *Ibid.*, p. 660 : "Feras-tu ce que fit autrefois Polemon converti? déposeras-tu la livrée de notre folie?..."

4 *Ibid.* : "le vulgaire est plus sage, parce qu'il n'est sage qu'autant qu'il le faut."

5 *Essais*, II, 28, p. 703 : "Tu fais tailler des marbres à la veille de mourir et, au lieu de songer à ton tombeau, fais bâtir des maisons."

à la constatation prosaïque qui anticipe sur l'épanchement lyrique en reprenant en style bas la belle image virgilienne du voyage :

> [C]"*Olim jam nec perit quicquam mihi nec acquiritur. Plus superest viatici quam viæ*[1]."
>
> *Vixi, et quem dederat cursum fortuna peregi*[2].

Cette façon qu'ont les citations poétiques et prosaïques de s'interpeller mutuellement situe bien ces textes dans la lignée de l'Apologie, mais le chapitre qui en poursuit le plus évidemment le jeu, de la manière la plus concertée, est le chapitre 9 du livre III, celui même qui redéfinit le rapport de la prose et de la poésie, en marque, dans le contexte des citations, la concurrence : "la meilleure prose ancienne [C] (et je la seme ceans indifferemment pour vers)..." Et l'ajout [C] intervient ici comme commentaire précis de toutes les citations prosaïques ajoutées en [C] dont nous avons pu voir le rôle essentiel.

L'essai "De la vanité" est un de ceux où la citation participe le plus évidemment d'une poétique de la coupure, de la rupture, de l'escapade, celle même qui est définie en son coeur (p. 994). La première citation introduite dans le chapitre l'est d'ailleurs à propos du changement, dans une mise en évidence inaugurale du mode et du thème majeurs :

> [B]Parmy les conditions humaines, cette-cy est assez commune : de nous plaire plus des choses estrangeres que des nostres et d'aymer le remuement et le changement.
>
> *Ipsa dies ideo nos grato perluit haustu*
> *Quod permutatis hora recurrit equis*[3].

1 *Ibid.* : "Depuis longtemps, je ne perds ni ne gagne ; il me reste plus de provisions que de chemin à faire." (Sénèque *Epistulae*)

2 *Ibid.* : "Ma vie est passée et la carrière que la fortune m'avait assignée est parcourue." (Virgile, *Enéide*)

3 *Essais*, III, 9, p. 948 : "La lumière même du jour ne nous plaît que parce que les heures changent de coursiers."

Les citations auront ainsi d'abord pour fonction d'introduire une variation perpétuelle de point de vue, du personnel au général, de l'humain au naturel (pp. 948-951). Or la confrontation des citations en vers et en prose accentue ces effets de rupture, de variation sur le texte de Montaigne :

> [B]Je m'aimerois mieux bon escuyer que bon logitien :
> *Quin tu aliquid saltem potius quorum indiget usus,*
> *Viminibus mollique paras detexere junco*[1]?
> [C] Nous empechons noz pensées du general (...) [B] Or j'arreste bien chez moy le plus ordinairement, mais je voudrois m'y plaire plus qu'ailleurs.
> *Sit meæ sedes utinam senectæ,*
> *Sit modus lasso maris, et viarum,*
> *Militiæque*[2].
> [...] Je suis de cet avis, que la plus honnorable vacation est de servir au publiq et estre utile à beaucoup. [C] "*Fructus enim ingenii et virtutis omnisque praestantiæ tum maximus accipitur, cum in proximum quemque confertur*[3]."

Nous passons du tu au je au nous, de l'églogue à l'ode au traité philosophique en revenant du personnel au général, mais aussi du dialogue au monologue à la nécessité affirmée du dialogue, dans tout un système de renvois accentué par le décalage appuyé avec le texte même de Montaigne, du bon écuyer au tresseur de corbeilles de la pastorale, de l'éternel voyageur au nostalgique du repos impossible, de la vacation publique à la communication privée. Ainsi s'impose une stratégie de la rupture, de la tension entre personnel et général,

---

1 *Ibid.*, p. 952 : "Pourquoi ne pas t'occuper plutôt à quelque chose d'utile? A tresser des corbeilles avec de l'osier ou de souples joncs?" (Virgile, *Eglogues*)

2 *Ibid.* : "Puissé-je y passer ma vieillesse! Fatigué de tant de voyages par mer et par terre et de la vie militaire, puissé-je y trouver le repos!" (Horace, *Odes*)

3 *Ibid.* : "Nous ne jouissons jamais mieux des fruits du génie, de la vertu et de toute supériorité qu'en les partageant avec le prochain." (Cicéron, *De Amicitia*)

mouvement et immobilité, entre les différents genres et tons sur lesquels se développe le mouvement sinueux du chapitre.

Le dialogue entre citations prosaïques et poétiques multiplie au long du chapitre ces échanges du général au particulier, ces variations de point de vue qui désorientent ou réorientent en permanence le développement, éloignent et rapprochent tour à tour la perspective (voir pp. 967-8, 976). Les procédés de la *satura* sont particulièrement marqués à la fin du chapitre quand Montaigne donne la parole à un interlocuteur fictif qui lui reproche son goût du voyage. S'opposent alors deux usages de la citation. Montaigne donne la préférence à la citation poétique et lyrique, dans un mouvement qui détourne à chaque fois les vers de leur sens et de leur contexte : ainsi les paroles d'Enée qui n'aspire qu'au retour et au culte nostalgique de la patrie s'appliquent-elles ici à un désir contraire :

> *Me si fata meis paterentur ducere vitam*
> *Auspiciis*[1],
> je choisirois à la passer le cul sur la selle.

La citation exceptionnellement n'interrompt pas la phrase française mais lui donne son élan comme pour mieux souligner la rupture de style qui renforce ici à plaisir le détournement qui semble déplacer Virgile du côté d'Horace aussitôt après allégué :

> *visere gestiens,*
> *Qua parte debacchentur ignes,*
> *Qua nebulae pluviique rores*[2].

Ces paroles appartiennent à la prédiction de Junon aux Romains et décrivent un mouvement d'hybris collectif et

1 *Ibid.*, p. 987 :"Quant à moi si le destin me permettait de passer la vie à ma guise." (*Enéide* IV, 340, réponse et défense d'Enée face à Didon)

2 *Ibid.* : "Heureux de visiter les régions où les feux du soleil font rage et celle des nuages et des pluies." (Horace *Odes*, III, 3, 54)

conquérant[1] bien éloigné du vagabondage voyageur de Montaigne. Son interlocuteur fictif au contraire use de la citation d'autorité de préférence en prose et sous forme de maxime :

> Où cuidez vous pouvoir estre sans empeschement et sans destourbier ? "*Numquam simpliciter fortuna indulget*[2]." [...] Reformez vous seulement, car en cela vous pouvez tout, là où vous n'avez droict que de patience envers la fortune [C] "*Nulla placida quies est, nisi quam ratio composuit*[3]."

Montaigne semble se moquer ici du style parénétique et d'un certain usage des citations. De fait à la page suivante le dialogue des citations s'insère dans une critique des préceptes eux-mêmes, de l'usage même des citations qui est celui de l'interlocuteur de Montaigne : le passage s'ouvre sur une déclaration d'indépendance,

> Je hay les morceaux que la necessité me taille. Toute commodité me tiendroit à la gorge, de laquelle seule j'aurois à despendre :
>
> *Alter remus aquas, alter mihi radat arenas*[4].
>
> Une seule corde ne m'arreste jamais assis.

qu'illustre l'échappée poétique et métaphorique et que le dialogue va exacerber, la critique de l'interlocuteur entraînant une série de préceptes qui sont autant d'anti-préceptes :

> - Il y a de la vanité, dictes vous, en cet amusement. – Mais où non ? Et ces beaux préceptes sont vanité, et vanité toute la sagesse. [C] *Dominus novit cogitationes sapientium, quoniam vanae sunt*[5]." [B] Ces exquises subtilitez ne sont propres qu'au

1 Voir le début de la strophe : "Quicumque mundo terminus obstitit, /hunc tanget armis" : "Tout lieu où le monde a trouvé une borne devant lui, elle le touchera de ses armes."

2 *Ibid.* p. 987 : "Les faveurs de la fortune ne sont jamais sans mélange." (Quinte-Curce)

3 *Ibid.* : "Il n'y a de véritable tranquillité que celle que nous devons à la raison." (Sénèque *Epistulae*)

4 *Ibid.*, p. 988 : "Qu'une de mes rames batte les flots et l'autre le sable du rivage." (Properce, *Elégies*)

5 *Ibid.* : "Le Seigneur sait que les pensées de sages ne sont que vanité." (*Psaumes* XCIII, 11 et *Corinth.*, I, 3)

> presche : ce sont discours qui nous veulent envoyez tous bastez en l'autre monde. La vie est un mouvement materiel et corporel, action imparfaicte de sa propre essence, et desreglée ; je m'emploie à la servir selon elle.
>
> *Quisque suos patimur manes*[1]
>
> *[C] Sic est faciendum ut contra naturam universam nihil contendamus ; ea tamen conservata, propriam sequamur*[2]."
>
> [B] A quoy faire ces poinctes eslevées de la philosophie sur lesquelles aucun estre humain ne se peut rassoir, et ces règles qui excedent nostre usage et nostre force ?

Montaigne cite l'écriture pour mieux renvoyer tout recours de ce genre au prêche, comme il revient du général au personnel par le biais de deux citations, dont l'une emploie l'indéfini *quisque* pour le convertir au réfléchi, et l'autre l'impersonnel pour le ramener au personnel et au singulier, selon la modalité même du texte qui à partir de là a surtout recours à la poésie, satirique d'abord comme il se doit (p. 990), puis épique et lyrique jusqu'à ce que le célèbre passage sur prose et poésie libère la prose du précepte pour la convertir au registre poétique. Après l'intronisation de la "meilleure prose" comme poétique, les deux modes concourent quand il s'agit d'évoquer la beauté, la grandeur et le pouvoir d'émotion de Rome (p. 997). L'enjeu est ainsi tout proche de celui de l'Apologie qui libère la philosophie du dogmatisme pour la rendre à la poésie. De même l'essai "De la vanité" libère la prose du "précepte" pour la rendre apte à traduire l'émotion et le mouvement, à "servir la vie selon elle". Et l'alternance même de la prose et de la poésie semble avoir surtout le charme de la variété, du vagabondage, dans un chapitre consacré à leur éloge.

---

1 *Ibid.*, p. 989 : "Chacun de nous subit sa peine." (Virgile *Enéide*, VI)

2 "Nous devons agir de manière à ne jamais contrevenir aux lois universelles de la nature ; mais, ces lois sauvegardées, nous devons nous conformer à notre nature individuelle." (Cicéron *De Officiis*)

CHAPITRE II

Vers, prose et "je" satirique

Jouer de tous les styles, de tous les modes d'expression, c'est ainsi pour Montaigne, libérer son texte de toute vocation didactique, donner libre essor à l'expression d'un moi non exemplaire, d'un moi ordinaire et privé. C'est en tout cas en ces termes que Montaigne se réclame dans *les Essais* du modèle de la satire qu'il définit au début du chapitre "De la praesumption" dans une nouvelle association des vers et de la prose, d'Horace et de Tacite, dans un jeu de renversement du négatif au positif et de continuité du passé au présent :

> Ceux que la fortune (bonne ou mauvaise qu'on la doive appeller) a faict passer la vie en quelque eminent degré, ils peuvent par leurs actions publiques tesmoigner quels ils sont. Mais ceux qu'elles n'a employez qu'en foule, [C] et de qui personne ne parlera, si eux mesmes n'en parlent, [A] ils sont excusables s'ils prennent la hardiesse de parler d'eux mesmes envers ceux qui ont interest de les connoistre, à l'exemple de Lucilius :
>
> *Ille velut fidis arcana sodalibus olim*
> *Credebat libris, neque, si malè cesserat, usquam*
> *Decurrens alio, neque si benè : quo fit ut omnis*
> *Votiva pateat veluti descripta tabella*
> *Vita senis*[1].
>
> Celuy là commettoit à son papier ses actions et ses pensées, et s'y peignoit tel qu'il se sentoit estre. [C] "*Nec id Rutilio et Scauro citra fidem aut obtrectationi fuit*[2]."
>
> [A] Il me souvient donc que, des ma plus tendre enfance...

Parce qu'ils ne s'offrent ni comme exemple ni comme modèle, Lucilius, Rutilius et Scaurus ont la *fides* de leur côté,

---

1 *Essais*, II, 17, p. 632 : "Celui-là confiait, comme à des amis fidèles, tous ses secrets à ses écrits. Qu'il fût malheureux ou heureux jamais il n'eut d'autre confident ; aussi toute sa vie s'y voit dépeinte comme dans un tableau votif." (Horace, *Satires*)

2 *Ibid.* : "Et Rutilius et Scaurus n'en ont été ni moins crus, ni moins estimés." (Tacite, *Agricola*)

fides d'une écriture qui épouse tous les mouvements de l'âme, fidélité que Montaigne poussera quant à lui jusqu'à vouloir rendre compte de cette diversité même de ses humeurs dans leur évolution, comme il s'en explique au début du chapitre "De la ressemblance des enfans aux peres" :

> Ce fagotage de tant de diverses pieces (...) s'est basty à diverses poses et intervalles (...) Au demeurant, je ne corrige point mes premieres imaginations par les secondes ; [C] ouy à l'aventure quelque mot, mais pour diversifier, non pour oster. [A] Je veux representer le progrez de mes humeurs, et qu'on voye chaque piece en sa naissance. Je prendrois plaisir d'avoir commencé plustost et à reconnoistre le trein de mes mutations[1].

L'écriture de Montaigne est en effet une écriture du "progrez", en progrès. De là provient l'importance même que revêtent dans les allongeails, nous l'avons vu, les variations du rapport de la prose aux vers et le nombre de citations en prose ajoutées pour répondre aux vers dans la dernière édition. Cette recherche de la fidélité, de la fidélité aux mouvements et aux mutations est en effet peut-être l'enjeu essentiel de cette affiliation de Montaigne à la *satura*, dont il retient l'héritage varronien, le mélange de prose et de vers, tout en jouant d'un héritage essentiellement poétique pour combiner les vers des satiriques à la prose des autres ou de lui-même[2]. L'essai "Du

---

1 *Essais*, II, 37, p. 758.

2 Nous ne glissons pas ici subrepticement de la *satura* ménipéenne à la satire en vers. Nous sommes persuadée que Montaigne est loin d'ignorer la tradition ménippéenne, il cite d'ailleurs Pétrone dans les *Essais*. Quelque incomplètes que soient alors les éditions du *Satiricon*, on en connaît à l'époque de Montaigne le caractère bigarré (voir sur ce point A. Collignon, *Pétrone en France*, A. Fontemoing, Paris, 1905) tout comme on connaît bien l'*Apocoloquintose* de Sénèque, l'imitation de Juste Lipse dans sa *Satura Menippea* en témoigne. Montaigne est certes beaucoup plus familier de la *satura* latine en vers et semble mettre précisément l'une au service de l'autre, se servir de la variété, de l'aptitude à la variété de tons de la *satura* en vers pour introduire rupture et variété dans sa prose, dans la tradition ménippéenne, et par là même pour définir le statut du sujet de l'énonciation, statut inchangé de la satyre ménippée à la *satura* en vers.

démentir" s'ouvre sur la même opposition et la même filiation de la *satura* romaine aux *Essais* :

> [A] Voire mais on me dira que ce dessein de se servir de soy pour subject à escrire, seroit excusable à des hommes rares et fameux (...) Il méssiet à tout autre de se faire cognoistre, qu'à celuy qui a dequoy se faire imiter, et duquel la vie et les opinions peuvent servir de patron. Cæsar et Xenophon ont eu dequoy fonder et fermir leur narration en la grandeur de leurs faicts comme en une baze juste et solide. Ainsi sont à souhaiter les papiers journaux du grand Alexandre, les commentaires qu'Auguste [C] Caton, [A] Sylla, Brutus et autres avoyent laissé de leurs gestes. De telles gens on ayme et estudie les figures, en cuyvre mesmes et en pierre.
> Cette remontrance est tres-vraie, mais elle ne me touche que bien peu :
>
> *Non recito cuiquam, nisi amicis ; idque rogatus,*
> *Non ubivis, coramve quibuslibet. In medio qui*
> *Scripta foro recitent, sunt multi quique lavantes*[1].
>
> Je ne dresse pas icy une statue à planter au carrefour d'une ville, ou dans une Eglise ou place publique :
>
> [B]*Non equidem hoc studeo, bullatis ut mihi nugis*
> *Pagina turgescat.*
> *Secreti loquimur*[2].
>
> [A] c'est pour le coin d'une librairie...

D'Horace à Perse, ne retentissent pas seulement les échos de l'avertissement "Au lecteur" mais s'affirment le sens et les droits de la satire. Les lectures à tout vent et à toute eau des bains publics que raille Horace s'opposent au caractère confidentiel ou secret de la conversation satirique, non sans que le jeu de la satire ne suppose sans cesse lui-même l'humour et la distance comme le confirme l'enchaînement des citations prosaïque et poétique dans la suite du texte, qui revient de l'émotion suscitée par le souvenir du père que renforce une

1 *Essais*, II, 18, p. 663 : "je ne lis ceci qu'à mes seuls amis, et encore sur leur prière ; non en tout lieu et devant n'importe quel auditoire. Il est beaucoup d'autres auteurs qui lisent leurs ouvrages en plein forum et dans les bains publics." (Horace, *Satires*)

2 *Ibid.*, p. 664 : "Je ne vise pas à enfler ces pages de billevesées ampoulées ; c'est un tête à tête." (Perse)

citation de saint Augustin[1] à l'humour avec lequel est évoquée la destinée de ses propres écrits. Un rappel amusé du "coin d'un librairie" au "coin de beurre", lui permet de convoquer un troisième satirique Martial pour jouer de cette nouvelle corde.

> [C] j'empescheray peut-estre que quelque coin de beurre ne se fonde au marché.
>
> [A] *Ne toga cordyllis, ne penula desit olivis*[2].

Caractéristique est cet enchaînement des oppositions et des retournements autant que ce changement perpétuel de modes (prose/poésie) et de style (haut et bas). La *satura*, telle que la conçoit Montaigne et telle qu'il la pratique est précisément cette écriture du mouvement qui se prête à tous les revirements, à toutes les ruptures de tons, de style pour dessiner cette image mouvante, vivante, multiple, le contraire même de la figure de pierre, de la statue plantée au carrefour d'une ville. C'est bien d'une telle écriture que relève le chapitre "De la vanité" qui rappelle lui aussi l'affinité de la *satura* et des *Essais* par le biais d'un vers de Perse qui fait suite aux vers cités dans "Du dementir" et situe ainsi ouvertement les deux passages dans le prolongement l'un de l'autre, tout en soulignant ironiquement le paradoxe que constitue une écriture privée :

> [C] Plaisante fantasie : plusieurs choses que je ne voudroy dire à personne, je les dis au peuple, et sur mes plus secretes sciences ou pensées renvoye à une boutique de libraire mes amis plus feaux.
>
> *Excutienda damus præcordia*[3].

---

1 *Ibid.* : "*Paterna vestis et annulus tanto charior est posteris, quanto erga parentes major affectus.*" "L'habit d'un père, son anneau, sont d'autant plus chers à ses enfants qu'ils avaient plus d'affection pour lui." (saint Augustin, *Cité de Dieu* I, 13)

2 *Ibid.*, p. 664 : "Que les thons et les olives ne manquent d'enveloppe." (Martial)

3 *Essais*, III, 9, p. 981 : "Nous livrons à leur examen les plus secrets replis de notre ame." (Perse)

De fait le chapitre applique parfaitement le précepte stylistique défini dans "De la praesumption" ("Si faut-il conduire la corde à toute sorte de tons[1]."). Quelques pages avant le rappel des affinités de l'essai avec la *satura*, les aller-retours de la prose aux vers font ainsi revenir le texte de la nostalgie élégiaque des *Tristes* à l'ironie des *Epodes* au sérieux gnomique de Cicéron à l'humour de Térence, dans un processus de décalage et de variation non seulement des citations poétiques à la citation prosaïque mais surtout du texte de Montaigne à ceux qu'il allègue. Ainsi insère-t-il la formule nostalgique d'Ovide dans le contexte d'une démonstration humoristique des avantages de l'éloignement :

> De Romme en hors, je tiens et regente ma maison et les commoditez que j'y ay laissé : je voy croistre mes murailles, mes arbres, et mes rentes, et descroistre à deux doigts pres, comme quand j'y suis :
>
> *Ante oculos errat domus, errat forma locorum*[2].

Et d'alléguer l'ironie d'Horace contre l'émotion d'Ovide dans un effet de mise en scène et de dialogue où il s'autorise de l'apostrophe d'Horace pour interpeller son lecteur puis l'épouse délaissée par le moi voyageur :

> Si nous ne jouyssons que ce que nous touchons, adieu nos ecuz quant ils sont en nos coffres, et nos enfans s'ils sont à la chasse. Nous les voulons plus pres. Au jardin, est-ce loing ? A une demy journée ? Quoy, dix lieuës, est-ce loing ou pres ? Si c'est pres, quoy onze, douze, treze ? et ainsi pas à pas. Vrayment celle qui prescrira à son mary le quantiesme pas finyt le pres, et le quantieme pas donne commencement au loin, je suis d'advis qu'elle l'arreste entre-deux :
>
> *excludat jurgia finis.*
> *Utor permisso, caudæque pilos ut equinæ*

---

1 *Essais*, II, 17, p. 638.

2 *Essais*, III, 9, p. 976 : "Devant mes yeux flotte sans cesse ma maison, flotte sans cesse l'image des lieux que j'ay quittés." (Ovide, *Tristes*)

Paulatim vello, et demo unum, demo etiam unum
Dum cadat elusus ratione ruentis acervi[1].

Puis c'est contre la philosophie que se retourne la pointe de l'ironie, par le contraste ménagé entre le ton de Montaigne et le sérieux de la formule cicéronienne :

> ... et qu'elles appellent hardiment la Philosophie à leur secours ; à qui quelqu'un pourroit reprocher, puis qu'elle ne voit ny l'un ny l'autre bout de la jointure entre le trop et le peu, le long et le court, le leger et le poisant, le pres et le loing, puisqu'elle n'en recognoist le commencement ny la fin, qu'elle juge bien incertainement du millieu [C] "*Rerum natura nullam nobis dedit cognitionem finium.*"[2]

Pour finir de renvoyer l'accusation à l'accusateur, il recourt à Térence dans un dialogue de comédie que prolonge son commentaire, renchérissant sur les paronomases et les antithèses pour mieux souligner les effets de renversement :

> *Uxor, si cesses, aut te amare cogitat*
> *Aut tete amari, aut potare, aut animo obsequi,*
> *Et tibi bene esse soli, cum sibi sit male.*[3].
>
> Ou bien seroit ce pas que de soy l'opposition et contradiction les entretient et nourrit, et qu'elles s'accommodent assez pourveu qu'elles vous incommodent ?

Le chapitre entier peut s'analyser en ces termes d'une variation des tons et des styles suscitée par la variété de la prose et des vers. L'écriture épouse tous les mouvements et les revirements de la pensée : les premières pages font alterner les

---

1 *Ibid.* : "Dites un chiffre qui mette fin à toute contestation ; sinon j'use de la latitude que vous me laissez, et de même que j'arrache crin à crin la queue d'un cheval, je retranche une unité, puis une autre, jusqu'à ce qu'il ne vous en reste plus et que vous soyez vaincu par la force de mon sorite." (Horace, *Epodes*)

2 *Ibid.* : "La nature ne nous a pas permis de connaître les bornes des choses." (Cicéron *Académiques*)

3 *Ibid.*, p. 977 : "Tardes-tu à rentrer, ton épouse s'imagine que tu fais l'amour ou qu'on te fait l'amour, ou que tu es en train de boire ou de te donner du bon temps, enfin que tu es seul à t'amuser tandis qu'elle se donne beaucoup de peine." (Térence, *Adelphes*)

images poétiques qui expriment la loi universelle et irréversible du changement, en une suite de tableaux naturels qui se répondent tandis qu'en contrepoint la prose de Montaigne dit le plaisir individuel du changement et que se superposent sans tout à fait se correspondre le changement de temps qu'orchestrent les tableaux poétiques et le changement de lieu dont la prose défend le besoin[1]. Un peu plus loin c'est à la faveur de l'écho des citations qu'en revenant de Sénèque à Lucrèce et Virgile, de la maxime générale à l'image concrète, à l'expression du sentiment, on revient du chagrin à la sérénité, puis à nouveau au souci :

> Depuis que j'ay le visage tourné vers le chagrin [C] ("*nemo enim resistit sibi cum coeperit impelli*"), [B] pour sotte cause qui m'y aie porté, j'irrite l'humeur de ce costé là, qui se nourrit après et s'exaspere de son propre branle ; attirant et emmoncellant une matiere sur autre, de quoy se paistre
>
> *Stillicidi casus lapidem cavat*[2].
>
> Ces ordinaires goutieres me mangent. (...)
> Quand je considere mes affaires de loing et en gros, je trouve, soit pour n'en avoir la memoire guere exacte, qu'ils sont allez jusques à cette heure en prosperant outre mes contes et mes raisons. J'en retire, ce me semble, plus qu'il n'y en a ; leur bon heur me trahit. Mais suis-je au dedans de la besongne, voy-je marcher toutes ces parcelles
>
> *Tum vero in curas animum diducimur omnes*[3]...

Le texte épouse l'alternance du général et du particulier, du concret et de l'abstrait des passages allégués pour faire de ce seul jeu de l'alternance son mobile et son enjeu. Tout l'humour repose en même temps sur la distance établie non seulement d'une citation à l'autre mais du style épique de la citation virgilienne à l'objet, la "besongne", auquel en style bas il

---

1 *Ibid.*, p. 948.

2 *Ibid.*, p. 950 : "L'eau qui tombe goutte à goutte perce le rocher." (Lucrèce)

3 *Ibid.*, p. 951 : "Alors notre âme se partage entre mille soucis." (Virgile *Enéide*)

s'applique. Le ton passe ensuite de l'ironie[1] et de l'humour à l'indignation la plus violente, indignation portée par le passage du style satirique de Juvénal au style épique de Virgile[2] jusqu'à l'apostrophe horatienne[3]. Puis revient, par le biais de deux citations empruntées aux comiques, la distance, distance du regard des dieux pour qui toute tragédie humaine est une farce,

> *Enimvero Dii nos homines quasi pilas habent*[4].

distance qui était déjà celle de la prose de Montaigne en contrepoint de l'indignation librement exprimée par les vers, distance de l'exemple et de l'analyse, qui ne cède elle-même à l'indignation qu'en laissant place à celle d'Horace, dans une rupture marquée de la phrase, suspendue à la litote interrogative ou négative :

> Pour nous voir bien piteusement agitez, car que n'avons nous faict ?
>
> *Eheu cicatricum et sceleris pudet*
> *Fratrumque : quid nos dura refugimus*
> *Aetas ? quid intactum nefasti*
> *Liquimus ? unde manus juventus*
> *Metu Deorum continuit ? quibus*
> *Pepercit aris*[5] ?
>
> Je ne vay pas soudain me resolvant
>
> *ipsa si velit salus,*
> *Servare prorsus non potest hanc familiam*[6].

1 Voir *supra* pour l'analyse de la page 952.

2 Voir *Ibid.*, p. 956.

3 *Ibid.*, p. 959 cf. aussi les sursauts d'indignation et de révolte qui jaillissent à chaque fois en vers p. 970, 972.

4 *Ibid.*, p. 960 : "Les dieux se servent des hommes comme de balles." (Plaute, *Captivi*)

5 *Ibid.*, p. 959 : "Hélas! nos cicatrices, nos crimes, nos guerres fratricides nous couvrent de honte! Enfants d'un siècle barbare, devant quelle atrocité avons-nous reculé? Où n'avons-nous point porté nos attentats? La crainte des Dieux a-t-elle jamais retenu la main de notre jeunesse? Quels autels a-t-elle épargnés?" (Horace *Odes*)

6 "La déesse Salus elle-même, le voulût-elle, serait impuissante à sauver cette famille." (Térence *Adelphes*)

L'élan de la question, de la négation reçoit ainsi un écho dans les vers qui vont jusqu'au bout de l'accusation et de la condamnation. C'est dans ce tissu subtil de la prose et des vers que se dit ainsi la variabilité des humeurs et des sentiments face à l'instabilité des temps en même temps que le rapport du moi au monde, aux autres, du particulier au général — "la maladie universelle est la santé particulière" ; d'où l'aller-retour permanent à travers les citations de la première à la troisième personne, du passé romain au présent français, de l'indignation exprimée par les vers devant les crimes aujourd'hui éteints à la distance de l'analyse en prose devant les crimes présents, non sans échanges et revirements ; d'où la réponse une page plus loin de Montaigne à lui même et le retour du négatif au positif en même temps que la réponse de l'Horace des *Epodes* à l'Horace des *Odes* et sa réplique au Térence des *Adelphes* :

> La maladie universelle est la santé particuliere ; la conformité est qualité ennemie à la dissolution. Pour moy, je n'en entre point au desespoir, et me semble y voir des routes à nous sauver ;
>
> *Deus haec fortasse benigna*
> *Reducet in sedem vice*[1].

Puis reviendra le thème du voyage et se poursuivra la fugue ironique, nous l'avons vu, des vers et de la prose jusqu'à ce que s'exprime pour finir l'émotion nostalgique devant les ruines de Rome. Or c'est précisément la contexture variée de la prose et des vers, leur alliance toujours subtile, contrapuntique, qui nous apparaît comme le pivot de cette variabilité même de l'essai. Cette alliance de la prose et des vers situe précisément l'écriture de Montaigne à mi-chemin de la définition que du Bellay dans sa *Défense* emprunte à l'*Institution oratoire* pour l'appliquer à la poésie ("celui sera veritablement le poète que je cherche en notre langue, qui me fera indigner, apaiser, éjouir, douloir,

---

1 *Ibid.*, p. 961 : "Peut-être un Dieu par un retour favorable remettra-t-il ces choses en état." (Horace, *Epodes*)

aimer, haïr, admirer, étonner, bref, qui tiendra la bride de mes affections") et de la définition que donne Juste Lipse de ses lettres : "*Ut animus aut corpus meum est cum scribo, ita illae. (...) Languent enim illae, excitantur, dolent, gaudent, calent, frigent mecum. Affectus animi corporisque mei in hac tabella*[1]." Et le contrepoint ne s'établit pas seulement ici du point de vue du lecteur à celui de l'auteur, entre des vers qui communiqueraient leur passion au lecteur et une prose qui épouserait et analyserait fidèlement la moindre variation d'humeur de celui qui écrit[2] mais bien sûr dans l'échange permanent de l'un à l'autre qui fonde précisément cette aptitude à la variation, au revirement, au change et au vagabondage de l'essai. Si les vers sont de manière privilégiée dans le texte de Montaigne le lieu de l'apostrophe, de l'interrogation, du dialogue avec le lecteur ils sont aussi la médiation par laquelle ce mouvement du dialogue se communique à la prose elle-même dans un échange permanent. Si la prose est le lieu de l'expression personnelle, les multiples "je" des vers en prennent sans cesse le relais[3]. Il nous semble que c'est précisément en recourant, en s'appropriant le modèle

1 "Mes lettres épousent les dispositions physiques et morales. Elles sont abattues ou animées, douloureuses ou joyeuses, elles ont chaud et froid avec moi. Les affections de mon corps et de mon esprit apparaissent en ce tableau." Juste Lipse, avertissement au lecteur de la première centurie de sa correspondance (in *Epistolarum selectarum centuria prima*, Anvers, C. Plantin, 1586, feuillet non paginé).

2 C'est toute la différence et tout le rapport de l'*ethos* au *pathos*, dont nous reparlerons, qui est ici en cause. Voir sur ce point notamment Jean Lecointe, *L'Idéal et la Différence, la perception de la personnalité littéraire à la Renaissance*, Genève, Droz, 1993, p. 149 n. 158 et tout le chapitre III, p. 373 et s.

3 Voir sur ces points en particulier Eva Kushner, "Monologue et dialogue dans les deux premiers livres des *Essais*" (in *Montaigne : 1580-1980, Actes du Colloque International Duke University-University of North Carolina*, éd. M. Tetel, Paris, Nizet, 1983, p. 103-120); C. Brousseau Beuermann, *op. cit.* ch. VI, et notre article *loc. cit.*

de la *satura* que Montaigne dépasse le débat de la rhétorique et de la poésie, qui est une des formes que prend alors le rapport de la prose et des vers[1]. Si Du Bellay revendique pour la poésie le pouvoir sur les passions, si Juste Lipse situe la lettre au delà de la rhétorique, aux frontières de la poésie lyrique[2], Montaigne joue lui précisément de l'affinité, des rencontres, mais aussi des différences des deux modes poétique et prosaïque pour faire de cette contexture même le lieu d'expression du multiple. On ne peut en effet s'empêcher de rapprocher l'usage fait ici de la *satura* de l'image des "crotesques" du chapitre "De l'amitié", frères de la "fantastique bigarrure" du chapitre "De la vanité" : "Que sont-ce icy aussi, à la verité, que crotesques et corps monstrueux, rappiecez de divers membres, sans certaine figure, n'ayants ordre, suite ny proportion que fortuité." Scaliger rapproche quant à lui, dans ses *Poetices libri septem*, la liberté et la variété de composition de la *satura* de la forme hybride des satyres[3]. La *satura* se caractérise selon lui par la variété de sa forme — *simplex*, si elle ne donne la parole qu'à l'auteur comme la première satire de Juvénal, *duplex*, comme la première de Perse, si elle fait dialoguer deux personnages, ou mixte, comme celle d'Horace — ou de son ton, plutôt calme (*sedatior*) comme chez Horace, ou plus enflammé (*concitatior*)

1 Voir sur le débat rhétorique/ poésie en particulier K. Meerhoff, *Rhétorique et Poétique au XVIe siècle en France, Du Bellay, Ramus et les autres*, Leyden, E. J. Brill, 1986.

2 Voir sur ce point M. Fumaroli "Genèse de l'épistolographie classique : Rhétorique humaniste de la lettre, de Pétrarque à Juste Lipse", *Revue d'Histoire Littéraire de la France*, 1978, 4, p. 886-900 et en particulier les dernières pages : "en renforçant à ce point l'expressivité d'une parole tout intérieure, la prose s'enrichit des qualités propres à la poésie inpirée." (p. 897)

3 Dans la meilleure tradition du temps. Sur le contresens fait tout au long de la Renaissance sur l'étymologie de *satura*, à tort située dans la lignée du drame satyrique voir en particulier P. Debailly *op. cit.*, p. 31-35.

comme chez Juvénal ou Perse[1]. Et l'on retrouve ici la multiplicité des formes et des tons dont use précisément Montaigne qui joue d'une forme multiple pour en combiner toutes les virtualités. La combinaison de la prose et des vers permet dans le texte des *Essais* le passage et l'échange du monologue au dialogue autant que de l'indignation à l'humour, de l'humour à la nostalgie. Ce qui confirme l'affinité de la *satura* et de l'essai est le critère ultime par lequel Scaliger définit la *satura* : la liberté : "*Et autem poema liberum, simileque satyricae naturae : omnia susque deque habens, modo aliquid dicat. Itaque nec proemium instituit, nec init epilogi rationem*[2]." Et l'on retrouve sans peine ici non seulement la haine de Montaigne pour les longueurs d'apprêt et de clôture et sa propre pratique de composition, mais cette règle suprême d'écriture édictée dans "De la vanité" qui est celle du libre vagabondage.

Que Montaigne se réclame du genre de la *satura* pour jouer sur la variété des formes, pour faire d'une *oratio simplex* une *oratio duplex*, pour passer du monologue au dialogue, aussi bien que d'un ton à l'autre, en témoigne, nous semble-t-il, le rôle que jouent les citations des satiriques au coeur de son texte. Elles semblent en effet souvent non seulement introduire dans le

---

1 *Poetices libri septem*, Genève, J. Crispin, 1561, I, 12, p. 19 : "*A ratione poematis tres sunt... Narratio simplex ex persona authoris, ut prima Juvenalis. Activa ex personis constituta duplex : aut enim personae sunt sine nomine, ut prima Persii ; aut nominatae, ut Catii et Damasippi. Mixtae vero sunt ut illa pulcherrima, ac plenissima munditiarum,* Ibam forte via sacra. *A characteribus vero, ... species duae. Altera sedatior, qualis Horatiana, ac sermoni propior. Altera concitatior quae magis placuit Juvenali et Persio.*"

2 *Ibid* : "C'est un poème libre, conformément à sa nature satyrique. Il ne se soucie pas de la forme, seulement du fond. C'est pourquoi il ne comporte ni prologue, ni épilogue."

texte monologique de Montaigne des effets de dialogue[1], mais faire intervenir par là-même des variations de ton, de style, de genre qui rendent compte des différents moments et mouvements d'une réflexion.

Ainsi Montaigne au chapitre 25 du premier livre, "Du pedantisme", n'introduit-il pas seulement, en 1588, par l'intrusion des vers de Perse dans son récit, le dialogue, apostrophant le sérieux des "lettre-ferus", dont tout le chapitre a pour objet de se moquer :

> J'ay veu chez moy un mien ami, par maniere de passetemps, ayant affaire à un de ceux-cy, contrefaire un jargon de galimathias, propos sans suite, tissu de pieces rapportées, sauf qu'il estoit souvent entrelardé de mots propres à leur dispute, amuser ainsi tout un jour ce sot à debatre [...]
>
> [B] *Vos, ô patritius sanguis, quos vivere par est*
> *Occipiti caeco, posticae occurrite sannæ*[2].

Il joue aussi à faire se répondre le sérieux de la maxime morale d'Ennius et le style imagé et bas de Juvénal, citations elles-mêmes encadrées dans l'exemplaire de Bordeaux par deux maximes d'Euripide et de Cicéron pour mieux railler la figure du faux-sage, pour mieux faire exploser le sérieux du savoir emprunté :

> Quand bien nous pourrions estre sçavans du sçavoir d'autruy, au moins sages ne pouvons-nous estre que de nostre propre sagesse.
>
> *Μισῶ σοφιστὴν, ὅστις οὐχ αὐτῷ σόφος*[3].

---

1 Voir par exemple pour les effets d'apostrophe, d'interrogations, de prise à partie introduits par les citations des satiriques outre les exemples cités ci-après : *Essais*, I, 26, p. 170, I, 49, p. 300, I, 56, p. 319, II, 12, p. 473, 487, 517, 576, 577, II, 16, p. 619, 625-627, II, 17, p. 660, II, 18, p. 663, 664, II, 23, p. 683, 691, III, 6, p. 906, III, 8, p. 922.

2 *Essais*, I, 25 p. 139 : "O vous, nobles patriciens, qui n'avez pas le don de voir ce qui se passe derrière vous, prenez garde aux grimaces qu'on vous fait derrière le dos." (Perse)

3 *Ibid.*, p. 138 : "Je hais le sage qui n'est pas sage pour soi-même." (Euripide dans Stobée)

> [C] *"Ex quo Ennius : Nequicquam sapere sapientem,*
> *Qui ipse sibi prodesse non quiret*[1]*."*
> *Si cupidus, si*
> *Vanus et Euganea quamtumvis vilior agna*[2].
> [C] *"Non enim paranda nobis solum, sed fruenda sapientia est*[3]*."*

L'enjeu est bien en effet ici par le biais même du savoir emprunté, de la marqueterie des citations, de faire le procès d'un savoir qui ne serait que d'emprunt. Tout le chapitre a pour objet de brosser le portrait d'un sage qui n'est pas un badin sans être pour autant un pédant ("Mais je hay par sur tout un sçavoir pedantesque"), ceci à travers un propos qui ne cesse ironiquement d'effacer la frontière de l'un à l'autre. Et là encore c'est en revenant des vers de Perse, tout au détriment du pédant "contrefait", aux vers de Juvénal, tout à la louange de Turnèbe,

> *queis arte benigna*
> *Et meliore luto finxit præcordia Titan*[4].

que Montaigne poursuit son autocritique ; c'est ce que soulignent les propos ironiques ajoutés en [C] : "C'est merveille combien proprement la sottise se loge sur mon exemple. Est-ce pas faire de mesme, ce que je fay en la plus part de cette composition ? Je m'en vay, escorniflant par cy par là des livres les sentences qui me plaisent..."[5].

L'essai "De la solitude" est lui aussi un chapitre d'obédience satirique au double sens du terme, indissociable

---

1 *Ibid.* : "Aussi Ennius : Vaine est la sagesse du sage si elle ne lui profite pas à lui-même." (Cicéron *De officiis*)

2 *Ibid.* : "S'il est avare, effeminé, plus mou qu'une jeune brebis." (Juvénal)

3 *Ibid.* : "Car il ne nous suffit pas d'acquérir la sagesse, il faut en profiter." (Cicéron, *De finibus*)

4 *Ibid.*, p. 140 : "Dont le titan Prométhée a formé l'esprit d'un meilleur limon et avec une faveur particulière de son art." (Juvénal)

5 *Ibid.*, p. 136.

des deux chapitres suivants dans sa condamnation de la gloire. Or tout le chapitre se développe en quelque sorte d'un relais satirique à l'autre : de la citation initiale de Juvénal, condamnation des temps, invitation à la solitude,

> ... si le mot de Bias est vray, que la pire part c'est la plus grande, ou ce que dit l'Ecclesiastique, que de mille il n'en est pas un bon,
>
> B] *Rari quippe boni : numero vix sunt totidem, quot*
> *Thebanum portæ, vel divitis ostia Nili*[1],
>
> [A] la contagion est tres-dangereuse en la presse.

à l'avertissement de Perse qui met en doute la possibilité même de rompre avec le monde,

> [B] *Rupi jam vincula dicas :*
> *Nam luctata canis nodum arripit ; attamen illi,*
> *Cum fugit, a collo trahitur pars longa catenæ*[2].

jusqu'à la double attaque où est violemment condamnée la solitude qui n'est qu'hypocrisie et recherche de gloire masquée dans un jeu de prise à partie et de dialogue :

> *[B] usque adeo ne*
> *Scire tuum nihil est, nisi te scire hoc sciat alter*[3] *?*

qui marque une rupture nette avec le propos antérieur consacré aux différentes conditions et possibilités de la retraite et de la solitude pour vraiment aborder l'enjeu essentiel du texte, qui est l'enjeu même de l'écriture des *Essais*, celui d'une solitude publique, publiée. D'où le retour du ton élégiaque et du propos épicurien, prêtés à Perse lui-même dans la continuité des propos de Properce et d'Horace à l'apostrophe virulente, dans une rupture de style marquée :

---

1 *Essais*, I, 39, p. 238 : "Les gens de bien sont rares ; à peine en est-il autant que Thèbes a de portes, ou le Nil fertile de bouches." (Juvénal)

2 *Ibid.*, p. 240 : "J'ai rompu mes fers, direz-vous. Oui, comme le chien après de longs efforts brise sa chaîne : mais dans sa fuite il en traîne un long bout à son cou." (Perse)

3 *Ibid.*, p. 244 : "Quoi donc, tu crois ne rien savoir, si quelqu'un d'autre ne sait pas que tu sais?" (Perse)

[B] *carpamus dulcia ; nostrum est*
Quod vivis : cinis et manes et fabula fies[1].

[A]Or, quant à la fin que Pline et Cicero nous proposent, de la gloire, c'est bien loing de mon compte. La plus contraire humeur à la retraicte, c'est l'ambition. La gloire et le repos sont choses qui ne peuvent loger en mesme giste. A ce que je voy, ceux-cy n'ont que les bras et les jambes hors de la presse ; leur ame, leur intention y demeure engagée plus que jamais :

[B] *Tun', vetule, auriculis alienis colligis escas*[2] *?*

Toute la force de l'apostrophe est de ne pas s'adresser seulement à Pline et Cicéron, mais bien à Montaigne lui-même à travers la satire des faux solitaires.

On retrouve ces effets de ruptures et d'apostrophes, d'interrogations qui se retournent contre soi, dans le chapitre "De la gloire" qui fait lui aussi une large place à Juvénal et Perse[3], et ce jeu de questionnement du texte par lui-même et de modifications de point de vue qui caractérise la démarche même de l'essai.

Mais ce qui est peut-être le plus frappant dans la façon dont Montaigne établit la filiation de son propre texte à la *satura*, c'est qu'il semble avoir parfaitement perçu la richesse et la complexité du statut du je satirique. Et il s'en sert précisément pour peindre une pensée en mouvement qui n'a d'autre intérêt que d'être saisi dans ses revirements, dans sa démarche. Quand il se réclame dans les chapitres "Du dementir", "De la praesumption" ou "De la vanité" de l'exemple de Lucilius, d'Horace ou de Perse comme exemples d'une écriture de la confidence ("*secreti loquimur*") et de l'autoportrait ("*excutienda*

---

1 *Ibid.*, p. 246 : "Cueillons les plaisirs de l'existence, nous n'avons à nous que le temps de nostre vie : un jour tu ne seras que cendre, ombre, un vain mot." (Perse) cf. même page *supra* les deux citations d'Horace et Properce.

2 *Ibid.*, p. 247 : "Vieux radoteur, ne travailles-tu que pour amuser les oreilles des autres?" (Perse)

3 Voir p. 619, 625, 627.

damus praecordia"), il se réclame d'un "je" tout différent de la personne privée ou publique, et qui a statut littéraire[1]. Le "je" satirique est en effet une *persona* littéraire, souvent dédoublée ou redoublée, que Montaigne convoque comme telle dans son texte pas du tout dans une perspective autobiographique mais pour amorcer des revirements, des renversements de perspective.

Ainsi, dans le chapitre "De la solitude" que nous venons de parcourir, les deux premières citations de Perse appartiennent à la même satire et s'inscrivent dans le cadre d'un dialogue fictif où le propos épicurien ("*Carpamus dulcia...*") est en fait tenu par l'allégorie de la *Luxuria* au jeune homme qui réagit et proclame qu'il a rompu ses chaînes ("*Rupi jam vincula...*") à quoi le poète rétorque par l'image de la chienne libre et encore entravée. Le retournement de point de vue passe par le changement de personne, l'évolution du je au tu au nous, puis à un nouveau tu ("*Tun', vetule...*") dans un échange qui orchestre l'évolution même du regard de l'écrivain sur la question en jeu, qu'il rapproche et éloigne tour à tour de sa propre démarche. Ce processus de dédoublement du je permet aussi souvent de prendre distance par rapport au caractère didactique du développement, de renvoyer la question d'autrui à soi-même : ainsi du recours de Montaigne à la satire 7 du livre II d'Horace où leçon est faite le jour des Saturnales à Horace par son esclave Dave, dans un effet appuyé de dialogue de comédie. Le chapitre "De l'inequalité qui est entre nous" appuie sa réflexion sur la différence du vulgaire au sage sur une longue citation de cette satire d'Horace où la définition du sage comporte autant de traits dénoncés par Dave comme manquant à son maître :

---

1 Sur cette question de l'autoportrait et du statut du je envisagée plus largement voir A. Tournon, *La glose et l'essai op. cit*, ch. VI et le dernier chapitre de l'ouvrage de C. Brousseau-Beuermann, *op. cit.*

Est-il

> *sapiens, sibique imperiosus,*
> *Quem neque pauperies, neque mors, neque vincula terrent.*
> *Responsare cupidinibus, contemnere honores*
> *Fortis, et in seipso totus teres atque rotundus,*
> *Externi ne quid valeat per lœve morari,*
> *In quem manca ruit semper fortuna*[1] ?

Ce texte, qui s'ouvre sur une formule de Térence, qui ne convoque Juvénal et une première citation des satires d'Horace que pour dévoiler les apparences, montrer que tout est question de costumes et de mise en scène dans les jugements portés sur les hommes, joue sur l'arrière plan dramatique des vers de la satire VII pour mettre en scène ces deux personnages du maître et de l'esclave, ramenés au même rang par la parole libre des saturnales et de la satire. Ainsi l'opposition du roi et du paysan, du noble et du vilain, du magistrat et de l'homme privé, du riche et du pauvre que développe la suite du texte n'est-elle plus que différence de "chausses" (comme celle des cannibales et des civilisés du chapitre XXXI) face à l'opposition du sage et du reste des hommes. Tout le reste n'est que comédie : "Car, comme les joueurs de comedie, vous les voyez sur l'eschaffaut faire une mine de Duc et d'Empereur[2]." La force de la démonstration repose sur ce dédoublement premier de la parole d'autorité, qui renvoie au je le miroir de sa question, le comprend dans le processus de dévoilement du texte[3].

On retrouve un emploi voisin au chapitre "De la praesumption" où la question est là encore posée à Horace par

---

1 I, 42, p. 260 : "Sage et maître de lui? Tel que ni la pauvreté, ni la mort, ni les fers ne le font trembler? A-t-il le courage de tenir tête à ses passions, de mépriser les honneurs, renfermé tout entier en lui-même, rond et poli comme la boule sur laquelle aucun objet extérieur ne peut avoir prise pour l'empêcher de rouler, est-il hors de toutes les atteintes de la fortune?"

2 *Ibid.*, p. 261.

3 Montaigne fait à nouveau appel à cette satire d'Horace, à ce discours de Dave au chapitre 1 du deuxième livre (p. 333).

son interlocuteur, non plus Dave cette fois mais Damasippe, où la question qu'adresse Montaigne à son lecteur l'est en même temps à lui-même :

> *faciasne quod olim*
> *Mutatus Polemon ? Ponas insignia morbi...*[1]

Le contexte est ici proche de celui de l'essai "Du pedantisme" : "Je retombe volontiers sur ce discours de l'ineptie de notre institution : elle a eu pour sa fin de nous faire non bons et sages, mais sçavans (...) Elle nous a choisi pour nostre aprentissage non les livres qui ont les opinions plus saines et plus vrayes mais celles qui parlent le meilleur Grec et Latin...[2]" Et Montaigne de s'en prendre à une "institution" qui n'a pour objet que les "beaux mots". D'où la double ironie de la question empruntée au texte d'Horace, "bon mot" de l'antiquité, reproche adressé à l'auteur lui-même. L'objet n'est pas ici de "se peindre" mais bien d'évaluer la lucidité du regard porté sur soi et sur les autres[3]. Qu'on se souvienne de l'ouverture du chapitre : "Il y a une autre sorte de gloire, qui est une trop bonne opinion que nous concevons de nostre valeur"[4] qui conduit à la citation des *Satires* d'Horace où est définie la démarche de Lucilius qui "s'y peignoit tel qu'il se sentoit estre". Montaigne ne se réclame ainsi de l'exemple de Lucilius que comme d'un exemple de lucidité pour aller contre toute tendance à "s'estimer trop", d'où le dédoublement du sujet mis en œuvre un peu plus loin, d'où le jeu d'appel d'une citation satirique à l'autre : la première citation de Martial fait écho à celle d'Horace pour mettre en garde contre le danger de

1 *Essais*, II, 17, p. 660 : "Feras-tu ce que fit autrefois Polemon converti? Quitteras-tu la livrée de ta folie?..." (Horace, *Satires*)

2 *Ibid.*

3 Sur ce chapitre voir A. Tournon, *La glose et l'essai*, *op.cit.* p. 263-6.

4 *Essais*, II, 17, p. 631.

se croire poète, danger de présomption dont Montaigne s'estime guéri, dont il se prémunit par un double avertissement qui ramène son texte de la poésie à la prose, des vers d'autrui à leur analyse[1] :

> On peut faire le sot par tout ailleurs, mais non en la Poesie,
>
> *mediocribus esse poetis*
>
> *Non dii, non homines, non concessere columnæ*[2].
>
> Pleust à Dieu que cette sentence se trouvat au front des boutiques de tous nos Imprimeurs, pour en deffendre l'entrée à tant de versificateurs,
>
> *verum*
>
> *Nil securius est malo Poeta*[3].

Puis vient le célèbre portrait où Montaigne fait à nouveau appel à Martial pour se peindre :

> J'ay au demeurant la taille forte et ramassée ; le visage, non pas gras, mais plein ; la complexion, [B] entre le jovial et le melancholique, moiennement [A] sanguine et chaude,
>
> *Unde rigent setis mihi crura, et pectora villis*[4].

Tout l'humour provient de ce que Montaigne remplace le *tibi* par un *mihi*, appliquant à lui-même ce qui était charge contre autrui. Nous retrouvons cette même recherche de la lucidité, ce même jeu de dédoublement du regard qui traque toute présomption dans la suite du portrait où pour peindre ses qualités morales Montaigne n'emprunte pas seulement le masque des "je" d'Horace ou Juvénal mais choisit des satires où ce "je" lui-même est dédoublé, laisse parole à un autre : Horace à Offellus qui s'adressant à lui-même, raille doucement

1 Voir ce qu'il écrit de la poésie juste avant la citation d'Horace : "Je l'ayme infiniment : je me cognois assez aux ouvrages d'autruy, mais je fay, à la verité, l'enfant quand j'y veux mettre la main." *Ibid.*, p. 635.

2 *Ibid.* : "Tout défend la médiocrité aux poètes, et les dieux, et les hommes, et les colonnes où l'on affiche leurs ouvrages." (Horace, *Art poétique*)

3 *Ibid.* : "Mais rien n'a plus d'assurance qu'un mauvais poète." (Martial)

4 *Ibid.*, p. 641 : "Aussi ai-je les jambes et la poitrine hérissées de poils."

ses habitudes de mollesse grecque, Juvénal à Umbricius qui fustige tous ceux qui acceptent encore de vivre à Rome :

> Mes conditions corporelles sont en somme tresbien accordantes à celles de l'ame. Il n'y a rien d'allegre : il y a seulement une vigueur pleine et ferme. Je dure bien à la peine ; mais j'y dure, si je m'y porte moy-mesme, et autant que mon desir m'y conduit,
>
> *Molliter austerum studio fallente laborem*[1].
>
> Autrement, si je n'y suis alleché par quelque plaisir, et si j'ay autre guide que ma pure et libre volonté, je n'y vaux rien. Car j'en suis là que, sauf la santé et la vie, il n'est chose [C] pourquoy je veuille ronger mes ongles, et [A] que je veuille acheter au pris du tourment d'esprit et de la contrainte,
>
> [B] *tanti mihi non sit opaci*
> *Omnis arena Tagi, quodque in mare volvitur aurum*[2].

Là encore comme dans la citation précédente de Martial l'alliance des vers et de la prose ne joue pas seulement du dédoublement du sujet et du regard mais en même temps du changement de style, qui illustre bien ce jeu de point de vue, de distance et d'humour, et qui passe dans le premier cas par le contraste de la prose et des vers, dans le deuxième passage, des vers à la prose, dans un effet appuyé par l'ajout [C]. Ces effets de rupture de tons épousent ainsi la modification des points de vue, du regard sur soi, d'autant plus fidèle qu'il est capable de plus d'extériorité. La longue citation de Martial qui intervient au milieu de l'énumération des défauts de Montaigne participe de ces effets de rupture, revenant de la distance à la défense pour mieux illustrer le propos de Montaigne : "quel que je me face connoistre, pourveu que je me face connoistre tel que je suis, je fay mon effect... [C] Qu'on accuse, si on veut, mon project ; mais mon progrez, non."[3] Tout est en effet ici non

---

1 *Ibid.*, p. 642 : "Le plaisir trompant l'austérité du labeur." (Horace, *Satires*)

2 *Ibid.* : "A ce prix je ne voudrais pas tout le sable du Tage bourbeux avec l'or qu'il roule à la mer." (Juvénal)

3 *Ibid.*, p. 653.

dans l'objet lui-même mais dans le "progrez", dans la manière de traiter le sujet, dans cette liberté et variété extrême dont participe précisément le recours à Martial :

> Tant y a que, sans l'advertissement d'autruy, je voy assez ce peu que tout cecy vaut et poise, et la folie de mon dessein. C'est prou que mon jugement ne se defferre poinct, duquel ce sont icy les essais :
>
> *Nasutus sis usque licet, sis denique nasus,*
> *Quantum noluerit ferre rogatus Athlas,*
> *Et possis ipsum tu deridere Latinum,*
> *Non potes in nugas dicere plura meas,*
> *Ipse ego quam dixi : quid dentem dente juvabit*
> *Rodere ? carne opus est, si satur esse velis.*
> *Ne perdas operam : qui se mirantur, in illos*
> *Virus habe ; nos haec novimus esse nihil*[1].

Exercice contre la présomption, contre l'attitude de ceux *qui se mirantur*, exercice de jugement et de lucidité, les *Essais* ne sauraient prêter le flanc à une critique qu'ils n'auraient pas déjà intégrée à leur propre démarche, à l'inverse même de l'attitude critique toujours tournée vers autrui. C'est ainsi que, par la pratique même de l'essai, Montaigne redéfinit l'usage et la portée de la *satura*. Il s'agit en effet ici pour Montaigne en se libérant des deux chefs d'accusation qui constituent le défaut de présomption, s'estimer trop soi-même, n'estimer pas assez autrui, de définir l'enjeu de son usage de la *satura*. Une citation de Perse vient en effet prolonger ce que Montaigne faisait dire à Martial :

> Le monde regarde tousjours vis à vis ; moy, je replie ma veue au dedans, je la plante, je l'amuse là. Chacun regarde devant soy ; moy, je regarde dedans moy : je n'ay affaire qu'à moy, je me considere sans cesse, je me contrerolle, je me gouste. Les autres

---

1 *Ibid.* : "Quelque nez que vous ayez, même un nez tel qu'Atlas n'aurait point consenti à le porter, et fussiez-vous capable de confondre par vos plaisanteries Latinus en personne, vous ne parviendrez pas à dire pis de mes bagatelles que je n'en ai dit moi-même. Pourquoi mâcher dans le vide? Il faut de la viande pour se rassasier. Ne perdez pas votre peine, c'est pour ceux qui s'admirent qu'il faut garder votre venin ; moi je sais que tout ceci n'est rien."

> vont tousjours ailleurs, s'ils y pensent bien ; ils vont tousjours avant,
>
> *nemo in sese tentat descendere*[1],
>
> moy je me roulle en moy mesme.

La satire a moins pour but de dénoncer les travers d'autrui que de rendre compte le plus fidèlement possible, par tous les moyens, d'un point de vue subjectif ou tout au moins de lier indissolublement les deux traits comme constitutifs de la *satura.* Or rendre compte d'un tel point de vue c'est moins chercher à faire un portrait que représenter une démarche, une exercitation, un "progrez" : d'où le rôle de ce dernier recours à Horace, de cette question non pas adressée à autrui mais à soi-même,

> *Faciasne quid olim*
> *Mutatus Polemon ?*

Si leçon il y a, elle est bien celle de cette aptitude à juger, à retourner le regard vers soi, pour une exercitation qui se situe aux antipodes de la présomption, qui est précisément le moyen même de se prémunir contre elle : "Ainsi c'est une sorte d'exercitation de laquelle je dois esperer fort peu de recommandation et de louange, et une maniere de composition de peu de nom."[2] Et le choix de la *satura*, de ce dialogue permanent des genres, des styles et de voix n'a d'autre fin que cet échange qui renvoie toujours la leçon d'autrui à soi-même tout autant que l'affirmation à l'interrogation, dans une démarche qui peint le "progrez". C'est sur un tel échange que s'ouvre le chapitre "De l'art de conferer" :

> [B] C'est un usage de nostre justice, d'en condamner aucuns pour l'advertissement des autres.
>
> [C] De les condamner par ce qu'ils ont failly, ce seroit bestise, comme dict Platon. Car, ce qui est faict, ne se peut deffaire ; mais

---

1 *Ibid.*, p. 657-8 : "Personne ne tente de descendre en soi-même."

2 *Ibid.*, p. 656-7, en conclusion d'une page consacrée à l'exercice du jugement.

> c'est affin qu'ils ne faillent plus de mesmes, ou qu'on fuye l'exemple de leur faute.
> [B] On ne corrige pas celuy qu'on pend, on corrige les autres par luy. Je faicts de mesmes. Mes erreurs sont tantost naturelles et incorrigibles ; mais, ce que les honnestes hommes profitent au public en se faisant imiter, je le profiteray à l'avanture à me faire eviter :
>
> *Nonne vides Albi ut male vivat filius, utque*
> *Barrus inops ? magnum documentum, ne patriam rem*
> *Perdere quis velit*[1].

On retrouve ici un effet de dédoublement : dans la satire latine, les questions sont adressées à Horace par son père, ici Montaigne les pose à son lecteur et devient lui-même l'objet du regard. Or ces vers prennent place dans la quatrième satire du premier livre des *Sermones* d'Horace où ce dernier procède à une *apologia pro satura sua*, défendant le genre satirique de l'accusation de méchanceté et se réclamant de l'exemple de l'éducation qu'il reçut. Montaigne s'empare de ces questions pour en modifier l'enjeu et multiplier les échanges, selon la démarche même des paragraphes qui introduisent la citation qui ne développent pas seulement le paradoxe d'une éducation par le contre-exemple mais renvoient la leçon des autres à lui-même du texte [B] à l'ajout [C] ("affin qu'ils ne faillent plus de mesmes, ou qu'on fuye l'exemple...") et au paragraphe suivant qui revient à son propre exemple ("Il en peut estre aucuns de ma complexion, qui m'instruis mieux par contrarieté que par exemple..."). Il procède ainsi à l'imitation d'Horace dans la satire IV, en inversant les signes. Et l'on voit bien par l'usage subtil que Montaigne fait de l'auteur latin, à quelle profondeur critique, à quel degré de compréhension du genre de la *satura* il parvient, fidèle en cela au portrait qu'il brossait de lui dans "De

---

1 "Ne vois-tu pas comme le fils d'Albius vit mal et comme Balbus est dans la misère ? excellent exemple pour nous détourner de dissiper notre patrimoine." III, 8, p. 921-2.

la præsumption" ("je me cognois assez aux ouvrages d'autruy"), et avec quelle finesse il sait se servir du dialogue des voix (du je) et des modes (prose ou poésie) pour redéfinir la *satura* à son usage. L'essentiel est en effet ici dans cet exercice du regard, dans ce changement de point de vue, dans ce jeu de confrontation et de dialogue, non dans les excès dénoncés.

C'est pourquoi ces lignes prennent place dans une apologie de la conférence, de la contradiction, du dialogue et de leurs pouvoirs d'éveil[1]. Et l'essai est précisément le lieu du dialogue, d'un dialogue des divers sujets convoqués par le texte dans une confrontation permanente d'où jaillit non le portrait le plus exact mais la démarche d'analyse la plus lucide. Le moi n'existe, n'a d'intérêt que dans ce mouvement qui le crée, qui le définit toujours différent, à chaque instant de ce mouvement, de ce "progrez" qui le constitue.

Mais l'objet de ces variations de points de vue, de ces multiplications des sujets, des regards, et des paroles n'est pas exclusivement le jugement et l'exercice du jugement. Il est aussi l'expression de l'émotion, des *affectus*, dans leur intensité et leur diversité. Tel est l'autre versant de cet enseignement de la *satura*, de ce modèle de Lucilius, qui se peignait dans son œuvre "tel qu'il se *sentoit* estre". L'alternance des vers et de la prose devient chez Montaigne le lieu d'expression privilégié des multiples *personae* du je qui à travers les différents masques épiques, lyriques, dramatiques se dit dans sa variété et sa variation[2]. Là encore les citations satiriques servent en quelque sorte de relais, de fil rouge dans cette composition rhapsodique, sont le pôle autour duquel s'articulent les changements de

---

1 "Les contradictions donc des jugemens ne m'offencent ny ne m'alterent ; elles m'esveillent seulement et m'exercent." (*Ibid.*, p. 924)

2 Cf. Juvénal *Satires*, I, 85-86, vers cités plus haut :

Quidquid agunt homines, votum, timor, ira, voluptas,
gaudia, discursus, nostri farrago libelli est..

registre. Le chapitre V du livre III "Sur des vers de Virgile" est un de ceux où est peut-être la plus marquée la variation stylistique, où le dialogue des différents genres et modes qui constitue le texte passe le plus évidemment par les références satiriques. Montaigne joue ici aussi sur la double postulation de la satire : c'est en faisant la critique de la pudibonderie verbale de ses contemporains, qu'il procède à la confession : "Je sçay bien que fort peu de gens rechigneront à la licence de mes escrits, qui n'ayent plus à rechigner à la licence de leur pensée. (...) Au reste, je me suis ordonné d'oser dire tout ce que j'ose faire (...) Chacun est discret en la confession, on le devoit estre en l'action[1]." Or ce développement prend appui non seulement sur une maxime prosaïque ("*Non pudeat dicere quod non pudeat sentire*") mais, en conjuguant prose et vers, fait aussi se rencontrer la tragédie de Buchanan avec une épigramme de Martial :

> J'ayme une sagesse gaye et civile, et fuis l'aspreté des meurs et l'austerité, ayant pour suspecte toute mine rebarbative :
> [C]*Tristemque vultus tetrici arrogantiam*[2].
> [B]*Et habet tristis quoque turba cynædos*[3].

Tout le chapitre se donne ainsi en même temps comme un discours exemplaire sur le sujet, comme un exemple de discours le plus exact, le plus complet parce que le plus divers. Comme l'a bien souligné Dorothy Coleman[4], Montaigne, loin de se réfugier ici dans la pudibonderie en confiant au latin ce qu'il n'ose dire au français, joue de toutes les possibilités et

---

1 *Essais*, III, 5, p. 845.

2 *Ibid.* : "Et la tristesse arrogante d'un visage renfrogné." (Buchanan *Johannes Baptista*) Là encore il s'agit d'un ajout [C].

3 *Ibid.* : "Cette foule de gens au maintien sévère a elle aussi ses débauchés." (Martial)

4 Dans *Montaigne, quelques anciens et l'écriture des Essais*, Paris, Champion, 1995, 2° partie, chapitre 2 : " 'Sur des vers de Virgile' : sujet tabou, auteur tabou".

modulations du langage pour dire ce qui n'a jamais été dit. C'est dans cet exercice que le genre de la *satura* (compris en son sens varronien de mélange de modes, de langues, de styles et de genres) joue un rôle essentiel qu'ont pour fin de signaler, nous semble-t-il, les citations des satiriques latins. C'est une citation de Juvénal qui introduit les "vers de Virgile" :

> *Et versus digitos habet*[1].

modifiée pour les besoins de la cause, puisqu'il ne s'agit plus de la *vox blanda* féminine mais des *versus*, investis ici de ce pouvoir d'évocation et d'émotion au sens propre qui est au coeur du débat du chapitre. Et le dialogue de Virgile avec Juvénal se poursuit après la citation du premier, la confrontation des points de vue passant par une confrontation des styles, haut et bas, et des genres :

> Nostre poëte represente un mariage plein d'accord et de bonne convenance, auquel pourtant il n'y a pas beaucoup de loyauté [...] La beauté, l'oportunité, la destinée (car la destinée y met aussi la main),
>
> *fatum est in partibus illis*
> *Quas sinus abscondit : nam, si tibi sidera cessent,*
> *Nil faciet longi mensura incognita nervi*[2],

Il s'agit bien ici non seulement de multiplier les points de vue sur la question de l'amour et du mariage mais bien de multiplier les façons de "sentir", de "se sentir" (pour reprendre les termes de Montaigne à propos de Lucilius) face à cette question. C'est pourquoi les vers de Juvénal (entre autres) jouent un rôle essentiel dans le passage des vers de Virgile aux vers de Lucrèce.

---

1 *Essais*, III, 5, p. 849, Juvénal *Satires*, VI, v. 197.

2 *Ibid.*, p. 853 : "Il y a une fatalité attachée aussi à ces parties que dissimulent les vêtements, car si les astres ne te favorisent pas, il ne te servira à rien de posséder un membre d'une longueur inouïe." Le jeu de rupture de style existe déjà d'un hémistiche à l'autre ou d'un vers à l'autre chez Juvénal.

Dès le début du chapitre Montaigne joue du dialogue des citations, des genres et des styles pour se peindre dans toute sa diversité. L'essai s'ouvre en effet sur le thème de la vieillesse, de la nostalgie et de la mémoire et la confidence ou la confession (je me confesse en publicq, religieusement et purement[1]) passe par le dialogue de la prose et des vers, du *De Senectute* et d'Horace et Ovide (p. 843) mais aussi de l'élégie et de la satire, deux genres élus à égalité pour leur aptitude à l'expression des sentiments et qui tissent un dialogue subtil qui donne sa couleur (ou plutôt sa bigarrure) propre à cette ouverture selon le principe même de variété d'abord énoncé que Montaigne érige en maxime de vie et dont il fait un principe d'écriture.

> La sagesse a ses excés et n'a pas moins besoin de moderation que la folie. Ainsi, de peur que je ne seche, tarisse et m'aggrave de prudence, aus intervalles que mes maux me donnent,
>
> *Mens intenta suis ne siet usque malis*[2],
>
> je gauchis tout doucement et desrobe ma veuë de ce ciel orageux et nubileux que j'ay devant moy (...) et me vois amusant en la recordation des jeunesses passées,
>
> *animus quod perdidit optat,*
> *Atque in praeterita se totus imagine versat*[3].

Nous sommes renvoyés ici au contexte de ces vers du *Satiricon*, au contraste précisément qui y est ménagé entre le style haut des vers et le style bas de la prose, qui raconte la déception d'un amoureux impuissant, ce qui annonce d'ailleurs un thème que le chapitre reprendra à loisir, qui sera un des lieux privilégiés de son analyse des sentiments et des comportements amoureux[4]. Ainsi se répondent élégie et satire, nostalgie et

1 *Ibid.*, p. 846. Cf. la suite "je suis affamé de me faire connoistre."

2 *Ibid.*, p. 841 : "De peur que mon âme soit toujours occupée de mes maux." (Ovide, *Tristes*)

3 "Mon âme désire ce qu'elle a perdu et se rejette tout entière en imagination dans le passé." (Pétrone *Satiricon*)

4 Placée sous le signe de Martial : voir p. 886-7.

humour, jusqu'à ce qu'une nouvelle citation, de Martial, vienne en quelque sorte faire la synthèse :

> Les ans m'entrainent s'ils veulent, mais à reculons ! Autant que mes yeux peuvent reconnoistre cette belle saison expirée, je les y destourne à secousses. Si elle eschappe de mon sang et de mes veines, aumoins n'en veus-je desraciner l'image de la memoire
>
> *hoc est*
> *Vivere bis, vita posse priore frui*[1].

A ces vers de Martial répondent, à la fin du chapitre, les vers de Juvénal, qui inversent les termes de la première proposition, substituent à la nostalgie du passé, la soif du présent :

> Pendant que nous n'en sommes qu'aux faux-bourgs, que le pouls bat encores,
>
> *Dum nova canities, dum prima et recta senectus,*
> *Dum superest Lachesi quod torqueat, et pedibus me*
> *Porto meis, nullo dextram subeunte bacillo*[2],
>
> nous avons besoing d'estre sollicitez et chatouillez par quelque agitation mordicante comme est cette-cy. Voyez combien elle a rendu de jeunesse, de vigueur et de gaieté au sage Anacreon. Et Socrates, plus vieil que je ne suis, parlant d'un object amoureux...

Se font de cette manière écho les diverses facettes du je, diversité appuyée par les jeux de personnes. Le seul je exprimé, chez Juvénal, est en effet un je dédoublé, celui d'Umbricius, dont l'expression est ici prise à contre-emploi puisqu'il annonce ainsi sa renonciation au monde dont Juvénal auquel il s'adresse fait lui encore partie. A peine affirmé, ce désir de revivre ("je n'ai point d'autre passion qui me tienne en haleine") est battu en brèche, et l'on revient de l'espérance à la dérision, dans le mouvement même où l'on revient du ton

---

1 *Ibid.*, p. 842 : "C'est vivre deux fois que de pouvoir jouir de la vie passée." (Martial)

2 *Ibid.*, p. 892 : "Tant que je n'en suis qu'aux premiers cheveux blancs et que ma vieillesse n'est qu'à ses débuts et se tient encore toute droite, qu'il reste encore à la vierge Lachésis de quoi filer, que je me porte encore sur mes jambes et que ma main ne s'appuie point sur un bâton."

élégiaque et du style soutenu de la satire de Juvénal au style bas de l'épigramme de Martial :

> *Nolo*
> *Barbam vellere mortuo leoni*[1].

non sans un détour par le style à la fois imagé et soutenu des épodes et des odes d'Horace. Ainsi est illustrée la plasticité du style satirique, des quelques vers qui en offrent un condensé au chapitre qui en déploie tous les ressorts et les registres. Ainsi est rendue la diversité des *affectus*, le passage du sourire à la tristesse, de l'émotion naissante au dégoût consommé, comme de la nostalgie à l'ironie.

Les citations satiriques constituent dans le chapitre la trame sur laquelle se développe l'analyse de Montaigne, à partir de laquelle s'expriment la multiplicité et la complexité de ses sentiments à l'égard de l'amour et aussi des femmes, motif sur lequel s'achève le chapitre. Les femmes sont en effet l'objet de prédilection de la verve satirique dont Montaigne prolonge ici la veine pour mieux en inverser les signes dans un dialogue subtil de Martial, de la satire antiféministe de Juvénal — la satire VI — et des élégiaques, Catulle servant en quelque sorte de relais, allégué qu'il est à la fois comme élégiaque et comme satirique (p. 886). C'est ce dialogue de l'élégie et de la satire qui est le lieu du dialogue avec les autres genres, avec l'épopée, la bucolique ou la comédie.

Montaigne cite les vers les plus virulents de Juvénal contre les femmes — le célèbre "*lassata viris, nondum satiata*", stigmatisant Messaline — pour leur propre défense :

> Les femmes n'ont pas tort du tout quand elles refusent les reigles de vie qui sont introduites au monde, d'autant que ce sont les hommes qui les ont faictes sans elles (...) apres que nous avons cogneu

1 *Ibid.*, p. 895 : "Je ne veux pas arracher la barbe à un lion mort."

> qu'elles sont, sans comparaison, plus capables et ardentes aux effects de l'amour que nous...[1]

au même titre que le "doux Catulle" et ses images charmantes de la passion amoureuse féminine[2] :

> *Nec tantum niveo gavisa est ulla columbo*
> *Compar, vel si quid dicitur improbius,*
> *Oscula mordenti semper decerpere rostro,*
> *Quantum praecipue multivola est mulier*[3].

La confrontation des genres et des styles sur le même thème, le passage du récit de Juvénal à l'apostrophe de Martial, à la description catullienne, permettent ainsi de donner toute la palette, toutes les facettes des sentiments fort divers éprouvés à l'égard des femmes.

Plus loin, après le dialogue d'un Catulle tour à tour satirique et lyrique avec le Virgile de l'*Enéide* (p. 864-5) c'est un Catulle au style tout satirique qui est convoqué pour défendre les femmes dont la vertu est mise à mal par Martial et Juvénal (p. 867), à nouveau ici utilisés à contre-emploi[4]. Mais c'est à un Catulle tout différent, celui des plaintes d'Ariane, dans une nette rupture de style, qu'est ensuite confié le soin de chanter le malheur des maris trompés, dans un échange à nouveau non seulement des rôles mais aussi des tons, du noble désespoir à la dérision des désillusions :

---

1 *Ibid.*, p. 854. L'ironie de Martial est de même utilisée à contre-emploi : "Si elles en prennent un à qui la vigueur de l'aage bouslt encores, il faira gloire de l'espandre ailleurs : *Sit tandem pudor, aut eamus in jus! Multis mentula millibus redempta, / Non est haec tua, Basse ; vendidisti.*" (p. 855)

2 L'Horace des *Odes* étant médiateur d'un style à l'autre, voir *Ibid.*, p. 856.

3 *Ibid.*, p. 857 : "Jamais la douce colombe, ou tel autre oiseau encore plus lascif que vous pourriez nommer, n'a par de douces morsures sollicité plus amoureusement les baisers que la femme qui s'abandonne à sa passion."

4 Cf. la citation de Juvénal p. 869.

> Miserable passion, qui a cecy encore, d'estre incommunicable,
> *Fors etiam nostris invidit questibus aures*[1]
> Car à quel amy osez vous fier vos doleances, qui, s'il ne s'en rit, ne s'en serve d'acheminement et d'instruction pour prendre luy-mesme sa part à la curée ?

Les plaintes d'Ariane reviennent un peu plus loin prises au compte d'un nous masculin, qui adopte cette fois le parti des femmes :

> Ce sont vertus rares et difficiles : soudain qu'elles sont à nous, nous ne sommes plus à elles :
> *postquam cupidæ mentis satiata libido est*
> *Verba nihil metuere, nihil perjuria curant*[2].

De cette véhémence indignée d'Ariane abandonnée on passe au dégoût des dames assaillies de baisers, à qui Martial prête son style imagé. Puis c'est avec le Virgile des *Bucoliques* et l'Horace des *Odes* que dialoguent les vers de Martial et Catulle stigmatisant non sans énergie l'impuissance masculine (p. 886), toujours pour développer l'ensemble du point de vue féminin, et là encore en rendre dans la variation des styles et des genres les différents aspects.

Le dialogue des citations et des vers et de la prose devient ainsi un dialogue de points de vue en même temps que le glissement d'une citation à l'autre multiplie les facettes, de la déception à la dérision, au dégoût, à l'expression de la passion la plus extrême. Les citations satiriques apparaissent bien comme un relais privilégié de ce changement de point de vue, le tout culminant dans l'ultime citation de Catulle où Montaigne prend la place de la jeune fille rougissante, réalisant ainsi cet

---

1 *Ibid.*, p. 870 : "le sort même refuse des oreilles à nos plaintes." (Catulle LXIV)

2 *Ibid.*, p. 881 : "Dès que nous avons satisfait le caprice de notre passion, nous comptons pour rien les promesses et les serments." Et l'on retrouve ici non sans ironie l'écho du *satiata* de Juvénal dont la négation tournerait presque à l'avantage des femmes.

échange du corps à l'esprit dont il vient de parler en réalisant celui du masculin au féminin, comme si là était un des sens et des enjeux de l'échange de la prose aux vers dans cet essai.

L'essai "Sur des vers de Virgile" apparaît en effet comme une des illustrations les plus parfaites de la *satura* telle que la conçoit Montaigne : *Farrago*, bigarrure, contexture de vers et de prose, de latin et de français, à la faveur desquels se multiplient les échanges d'une voix à l'autre, du masculin au féminin, d'un je à un autre je, bouleversant, renouvelant toutes les mises en rapport antérieures de ces pôles. Les citations satiriques misogynes, comme les plaintes élégiaques et féminines (d'Ariane) sont systématiquement prises à contre-emploi pour prêter à la réinvention d'un autre langage de et sur l'amour, langage mêlé, multiple qui n'approche de la vérité qu'à condition d'en épouser la plus extrême diversité dans une remise en cause absolue de tout ordre, de toute hiérarchie ("le fourgon se moque de la poele"). Toute la fin du chapitre fait alterner les images de la vieillesse et de la jeunesse, du féminin et du masculin, du voeu ovidien des *Tristes*, peignant une épouse aux cheveux blanchis à l'image du deuxième livre des *Odes* d'Horace consacrée à l'éclat de la beauté adolescente, à celle du quatrième livre du même recueil ironisant sur la vieillesse délaissée d'une courtisane, à la citation des *Géorgiques* représentant un étalon vieillissant et devenu impropre aux travaux d'amour, jusqu'au tableau catullien de la jeune fille rougissante. Ce jeu de contrepoint est lui-même pris dans le plis et les replis de la prose de Montaigne, qui échange les points de vue et les registres, de l'ironie qui introduit la citation élégiaque d'Ovide :

> Je resigne cet appetit fantastique à l'Empereur Galba, qui ne s'adonnoit qu'aux chairs dures et vieilles ; et à ce pauvre miserable,
>
> *O ego di' faciant talem te cernere possim,*

Charaque mutatis oscula ferre comis,
Amplectique meis corpus non pingue lacertis[1]!

à l'humour qui détourne la citation de Catulle à son usage :

> Pour finir ce notable commentaire, qui m'est eschappé d'un flux de caquet, flux impetueux par fois et nuisible,
> *Ut missum sponsi furtivo munere malum*
> *Procurrit casto virginis e gremio*
> *Quod miseræ oblitæ molli sub veste locatum...*[2]

Catulle promettait par ces mots à Ortalus de ne pas laisser échapper de sa mémoire ses paroles, comme *missum malum*, comme un gage d'amour que laisse rouler à terre une jeune fille. Montaigne revendique au contraire l'échappée et l'impétuosité du geste même. Il reprend la métaphore catullienne, les termes mêmes employés par Catulle, pour introduire sa comparaison :

> *Ne tua dicta vagis nequiquam credita ventis*
> *Effluxisse meo forte putes animo*[3].

d'*effluxisse* au "flux de caquet", de *missum* à "éschappé" pour mieux inverser les registres (du style haut au style bas) et les valeurs (du négatif au positif, quelle que soit ici l'ironie), redonnant ainsi toute sa force à cette comparaison catullienne qui ne terminait le poème que pour annoncer le suivant, "la chevelure de Bérénice", œuvre parfaitement concertée, conservée et immortalisée, pas du tout de l'ordre de l'"échappée". Chez Montaigne au contraire cette ultime image

1 *Ibid.*, p. 895 : "Oh fasse les Dieux que je puisse te voir ainsi, que je puisse baiser tendrement tes cheveux blanchis et presser dans mes bras ton corps amaigri!" (Ovide, *Tristes*)

2 *Ibid.*, p. 897 : "Ainsi une pomme, don furtif de son amant, tombe du chaste sein de la jeune fille, la malheureuse a oublié qu'elle l'a cachée sous son souple vêtement..." Catulle, LXV, v. 19-21.

3 Catulle, LXV, v. 17-8 : "... Afin que tu ne croies pas que tes paroles, abandonnées aux caprices des vents, se sont échappées de ma mémoire." Ces vers introduisent la comparaison, dans le mouvement exact de l'essai.

achève bien le texte, le clôt sur le seul mouvement de l'échange, repris et varié sous trois formules successives :

> Je dis que les masles et femelles sont jettez en mesme moule [...].
> [C] Platon appelle indifferemment les uns et les autres à la societé de tous estudes, exercices [...].
> [B] Il est bien plus aisé d'accuser l'un sexe que d'excuser l'autre. C'est ce qu'on dict : le fourgon se mocque de la poele.

L'essentiel est bien en effet ici l'élan et le mouvement qui président à l'échange permanent des rôles féminins et masculins comme des propos poétiques et prosaïques, la beauté suprême, comme l'exprime la citation du deuxième livre des *Odes* résidant dans ce moment si fragile, si éphémère où les frontières s'effacent, où les rôles s'échangent, moment que représente l'ode par l'image d'Achille déguisé en jeune fille au milieu des jeunes filles, la beauté étant par excellence d'un *ambiguo vultu* :

> Le diray-je, pourveu qu'on ne m'en prenne à la gorge ? l'amour ne me semble proprement et naturellement en sa saison qu'en l'aage voisin de l'enfance,
>
> *Quem si puellarum insereres choro,*
> *Mille sagaces falleret hospites*
> *Discrimen obscurum, solutis*
> *Crinibus ambiguoque vultu*[1].
>
> [C] Et la beauté non plus.

C'est bien là où la question de la *satura* telle que nous l'avons envisagée jusqu'ici touche à celle de la frontière des vers et de la prose, de leur *discrimen obscurum*, et ne concerne plus seulement celle de leur rencontre et de leur mélange. Or là encore l'ambiguïté même d'une prose poétique ou d'une poésie prosaïque nous semble d'abord s'éclairer par rapport au contexte de la satire.

---

1 *Ibid.*, p. 895 : "Un jeune homme qui, introduit dans un chœur de jeunes filles, avec ses cheveux flottants et ses traits indécis, pourrait tromper sur son sexe les yeux les plus clairvoyants des personnes qui ne le connaissent point." (Horace, *Odes*)

CHAPITRE III

"Une prose en ryme ou une ryme en prose"

Du Bellay fonde dans *Les Regrets* sa revendication d'un renouvellement poétique sur le refus d'une certaine inspiration, l'inspiration élevée des grand poètes grecs tels Hésiode, sur le choix d'une autre Muse. Les références aux satiriques et à la satire définie d'emblée dans son ambiguïté, mélange de miel, de sel et de fiel[1], abondent en ce début de recueil en particulier et les deux premiers quatrains du deuxième sonnet des *Regrets* sont imités de Perse :

> Un plus sçavant que moy (Paschal) ira songer
> Aveques l'Ascrean dessus la double cyme :
> Et pour estre de ceulx dont on fait plus d'estime,
> Dedans l'onde au cheval tout nud s'ira plonger.
>
> Quant à moy, je ne veulx pour un vers allonger,
> M'accoursir le cerveau : ny pour polir ma ryme,
> Me consumer l'esprit d'une songneuse lime,
> Frapper dessus ma table, ou mes ongles ronger.
>
> Aussi veulx-je (Paschal) que ce que je compose
> Soit une prose en ryme, ou une ryme en prose,
> Et ne veulx pour cela le laurier meriter.

---

1 Voir le poème liminaire *Ad lectorem.* :

> *Hic fellisque simul, simulque mellis,*
> *Permixtumque salis refert saporem..*

voir sur ce point G. Demerson "*Fel, sal, mel,* Joachim Du Bellay, poète satirique latin" in *La Littérature de la Renaissance (Mélanges H. Weber)* Genève, Slatkine, 1984, p. 171 et s. Cf. aussi la strophe 21 du poème à M. d'Avanson :

> Et c'est pourquoy d'une doulce satyre
> Entremeslant les espines aux fleurs...

Voir aussi P. Debailly, "Du Bellay et la satire dans *Les Regrets*" in *Du Bellay et ses sonnets romains*, études réunies par Y. Bellenger, Paris, Champion, 1994, p. 197-226. Voir enfin notre étude "*Les Regrets* à la frontière du poétique ; prose, poésie, satire dans *Les Regrets*" in *La poétique des recueils romains*, textes réunis et présentés par S. Perrier, *Cahiers Textuel* n° 14, 1994, p. 77-89.

Du Bellay a puisé chez Perse le mouvement du refus pour le transformer en revendication positive, en pétition de principe poétique[1]. Son écriture ne se définit pas par défaut, ni prosaïque ni poétique, mais se situe à mi-chemin de la prose et des vers, comme du miel et du sel, des épines et des fleurs :

> Et peult estre que tel se pense bien habile,
> qui trouvant de mes vers la ryme si facile,
> En vain travaillera, me voulant imiter.

Cette écriture souple à l'*ambiguo vultu* épouse tous les mouvements de la passion comme le précise le sonnet IV qui reprend la négation initiale du sonnet II pour mieux la convertir à nouveau au positif :

> Je me contenteray de simplement escrire
> Ce que la passion seulement me fait dire.

Tous les éléments constitutifs de la *satura* sont ici présents, expression personnelle, critique ironique d'autrui, choix d'un genre et d'une écriture en rupture avec les genres nobles. Or cette définition de la *satura* par opposition aux autres genres, lyrique et surtout épique, cette quasi-exclusion du genre satirique du champ du poétique est d'abord horatienne. Du Bellay n'est pas d'ailleurs sans le rappeler par allusion. Le double refus qui fonde le sonnet II, refus de la haute inspiration et refus du travail poétique ne reprend pas seulement pour les contredire les principes de la *Défense*, ne fait pas non plus seulement écho à deux passages de Perse[2], mais fait aussi référence à Horace. Horace critiquant en effet Lucilius dans la dixième satire du premier livre lui reproche précisément de ne pas s'être suffisamment rongé les ongles pour polir ses vers :

1 Alors que Perse poursuit par des propos satiriques et corrosifs sur la *dura lex* de l'écriture, sur *venter* qui prend la place des Muses comme *magister artis ingeniique largitor* (*Choliambi*, v. 10-11).

2 Les *Choliambi* et le v. 106 de la première satire.

> *si foret hoc nostrum fato dilatus in ævum,*
> [...] *in versu faciendo*
> *saepe caput scaberet, vivos et roderet ungues*[1].

Or cette satire prolonge la quatrième où Horace, stigmatisant le caractère bourbeux (*lutulentus*) des vers de Lucilius, avait aussi défini plus largement les caractériques de la *satura* par rapport aux autres genres. Montaigne cite cette satire et en reprend les termes pour les modifier. Alors qu'Horace opposait la grande poésie épique qui ne se laisse pas démembrer, mais garde sa beauté et sa grandeur, à sa propre pratique poétique, à celle de Lucilius et des comiques, pur *sermo*, selon le titre même de son recueil, où la poésie est à la limite de la prose, Montaigne renverse la perspective :

> Je ne suis pas de ceux qui pensent la bonne rithme faire le bon poeme (...) si les inventions y rient, si l'esprit et le jugement y ont bien faict leur office, voylà un bon poete, diray-je, mais un mauvais versificateur,
> *Emunctae naris, durus componere versus*[2].
> Qu'on face, dict Horace, perdre à son ouvrage toutes ses coutures et mesures,
> *[B]Tempora certa modosque, et quod prius ordine verbum est,*
> *Posterius facias, praeponens ultima primis,*
> *Invenias etiam disjecti membra poetae,*[3]
> [A] il ne se dementira point pour cela ; les pieces mesmes en seront belles. C'est ce que respondit Menander, comme on le tensat, approchant le jour auquel il avoit promis une comedie, dequoy il n'y avoit encore mis la main : elle est composée et preste, il ne reste qu'à adjouster les vers.

---

1 Horace, *Satires*, I, 10, v. 68-71 : "Si le destin avait prolongé sa vie jusqu'au temps où nous sommes (...) en faisant ses vers, il se serait plus souvent gratté la tête et rongé ses ongles à vif."

2 I, 26, p. 170 : "Il a bon nez si son vers est dur." (Horace, *Satire* I, 4, v. 8)

3 *Ibid.* : "Otez-en le rythme et la mesure, intervertissez l'ordre des mots, faisant des premiers les derniers et des derniers les premiers ; vous retrouverez le poète dans ses membres dispersés."

Les *disjecti membra poetae* s'appliquent non plus à Ennius comme chez Horace mais à Lucilius dont Montaigne ne reprend la définition qu'en donnait Horace dans la même satire que pour la tourner à son avantage (alors qu'Horace y dénonçait son défaut majeur) et l'exemple qu'il prend pour étayer l'idée de cette beauté qui existe en deçà et au delà du vers, est précisément celui d'une comédie de Ménandre, le contre-exemple d'Horace, par lequel il confondait poésie satirique et comique dans le même manque poétique, dans le même prosaïsme :

> *Non satis est puris versum perscribere verbis,*
> *quem si dissolvas, quivis stomachetur eodem*
> *quo personatus pacto pater. His, ego quae nunc,*
> *olim quae scripsit Lucilius, eripias si*
> *tempora certa modosque, et quod prius ordine verbum est*
> *posterius facias, praeponens ultima primis,*
> *non, ut si solvas "Postquam Discordia taetra...*[1]

Ainsi loin de dévaloriser la poésie satirique, en la ramenant à la prose, Montaigne revalorise ici la prose, la beauté et la fureur poétique de la prose délivrée de l'artifice du vers[2]. D'où

---

1 Horace, *Satires*, I, 4, v. 54-60 : "Ce n'est pas assez d'aller jusqu'au bout du vers en un style uni et tel que, ce vers une fois défait, le premier père venu, gronde du même ton que le père de comédie. Si tu ôtes à ce que j'écris aujourd'hui, à ce qu'écrivait Lucilius la succession réglée des temps et des rythmes (... .) ce ne sera point comme si tu défaisais ces vers "Quand la noire Discorde..." Horace cite Ennius à qui s'applique seul le dernier vers cité par Montaigne cf. aussi plus haut v. 45-8. Voir les commentaires que fait Lambin sur ce passage : "*scripta sua, sermoni quotidiano similiora sunt quam locutioni poeticae... satyras igitur propter hanc causam sermones appellavit*"et la référence au *Satiricon* de Pétrone qu'il ajoute : "*Cum his Horatianis congruunt illa Petronii Arbitri : Multos, inquit Eumolpus, juvenes carmen decepit, nam ut quisque versum pedibus instruxit, sensumque teneriore verborum ambitu intexuit, putavit se continuo in Heliconem venisse...* " (*Horatius Flaccus ex fide atque auctoritate complurium librorum manu scriptorum, opera Dionysiii Lambini... accesserunt postremae huic editioni Adriani Turnebi... in eumdem Horatium commentarii...*, Parisiis, apud Bartholomeum Macaeum, 1604, p. 55).

2 Cf. la façon dont Lambin dans son commentaire de la quatrième satire s'appuie sur l'expression horatienne "*sermoni propiora*" qu'il glose ainsi

l'attaque de Montaigne contre les versificateurs, tout à fait dans le style du Ronsard de la préface posthume de la *Franciade*, auquel cette attaque rend d'ailleurs au passage hommage :

> Depuis que Ronsard et Du Bellay ont donné credit à nostre poésie Françoise, je ne vois si petit apprentis qui n'enfle des mots, qui ne renge les cadences à peu prés comme eux. [C] "*Plus sonat quam valet*" [A] Pour le vulgaire, il ne fut jamais tant de poëtes. Mais comme il leur a esté bien aisé de representer leurs rithmes, ils demeurent bien aussi court à imiter les riches descriptions de l'un et les delicates inventions de l'autre[1].

Montaigne s'en prend aux versificateurs, tout comme Ronsard, au nom du *furor poeticus*[2], et dans la lignée horatienne, mais pour la plus grande gloire non plus seulement de la poésie héroïque mais aussi de la prose.

Il le fait en rendant à la *satura* la fureur que semblait lui dénier Horace :

> *Primum ego me illorum, dederim quibus esse poetis,*
> *excerpam numero ; neque enim concludere versum*
> *dixeris esse satis, neque si qui scribat uti nos*
> *sermoni propiora, putes hunc esse poetam*[3].

que semble aussi lui dénier Du Bellay dans les *Regrets*. Montaigne va ici jusqu'au bout de l'ambiguïté de ces propos et de ce genre : Quand Horace et Du Bellay se défendent en vers

---

"*orationi solutæ similiora quam versibus*" pour, citant l'*Orator*, faire passer certains écrits poétiques comme satires et comédies du côté du *sermo pedestris* et certains écrits en prose comme ceux de Platon et Démosthène du côté de la poésie (*Ibid.*, *op. cit*).

1 *Essais*, I, 26, p. 171.

2 Pour un rapprochement entre les points de vue de Montaigne et Ronsard sur la poésie voir L. K. Donaldson-Evans "Montaigne and poetry" in *Neophilologus* 58, 1974, p. 360-367.

3 Horace *Satires*, IV, v. 39-42 : "D'abord, je me retrancherai pour ma part, du nombre de ceux que je reconnaîtrai poètes : car, pour l'être, tu ne saurais dire qu'il suffit de remplir la mesure du vers ; et si quelqu'un écrit, comme moi, des phrases voisines du langage de la conversation, tu n'iras point le tenir pour un poète..."

d'être poètes, Montaigne octroie à la prose le statut poétique. On ne peut en effet s'empêcher de rapprocher ce passage de l'essai "De la vanité" : "J'ayme l'alleure poetique..." et de l'essai "De la præsumption" :

> Quoy que j'entreprenne, je doy un sacrifice aux graces, comme dict Plutarque de quelqu'un, pour pratiquer leur faveur,
>
> *si quid enim placet,*
> *si quid dulce hominum sensibus influit,*
> *Debentur lepidis omnia gratiis.*
>
> Elles m'abandonnent par tout. Tout est grossier chez moy ; il y a faute de gentillesse et de beauté. Je ne sçay faire valoir les choses pour le plus que ce qu'elles valent, ma façon n'ayde rien à la matiere. Voilà pourquoy il me la faut forte, qui aye beaucoup de prise et qui luise d'elle mesme[1].

Comme Du Bellay, Montaigne ne passe donc par le négatif que pour mieux revenir au positif, mieux affirmer la spécificité de son entreprise, pour mieux situer son œuvre par rapport aux autres œuvres. Il éclaire ainsi le sens des négations et des refus du poète. La *satura*, est par excellence, le genre où tout auteur est aussi un lecteur — Horace lecteur de Lucilius et d'Ennius, Perse d'Horace autant que de Lucilius, Varron d'Homère[2], Du Bellay lecteur de Ronsard, comme Montaigne d'Horace et de Du Bellay — et tout écrivain un critique.

La fureur, dont Horace ne parle que pour en faire le critère de la haute poésie, tragique, lyrique ou épique, qui mérite seule le nom de poésie :

> *Ingenium cui sit, cui mens divinior atque os*
> *magna sonatorum, des nominis huius honorem*[3].

---

1 *Essais*, II, 17, p. 637.

2 Sur le Varron satirique et critique voir par exemple la satire ménippée intitulée "Bimarcus" (éd. J. P. Cèbe, *op. cit.* p. 196 et s.) et cf. aussi le *Satiricon*.

3 *Satires*, I, 4, v. 43-4.

revient souvent sous la plume de Du Bellay et Montaigne. Elle y est celle qui inspire autant que celle qui est inspirée, fureur de lecteur autant que fureur d'auteur, fureur d'auteur perdue pour Du Bellay,

> Ceste divine ardeur, je ne l'ay plus aussi[1].

et retrouvée à la lecture :

> Le docte Pelletier fait mes flancz emplumer
> Pour voler jusqu'au ciel avec son Uranie [...]
> Mais je ne sçay comment ce Demon de Jodelle
> (Demon est-il vrayment, car d'une voix mortelle
> Ne sortent point ses vers) tout soudain que je l'oy,
> M'aiguillonne, m'espoingt, m'espoüante, m'affolle,
> Et comme Apollon fait de sa prestresse folle,
> A moymesmes m'ostant, me ravit tout à soy[2].

Et comment ne pas songer en lisant ces vers à l'essai "Sur des vers de Virgile" ou "Du jeune Caton"? Mais de manière remarquable Montaigne lui ne dissocie pas, ne parvient pas à dissocier fureur d'écrire et de lire :

> Et il se void plus clairement aux theatres, que l'inspiration sacrée des muses, ayant premierement agité le poëte à la cholere, au deuil, à la hayne, et hors de soy où elles veulent, frappe encore par le poëte l'acteur, et par l'acteur consecutivement tout un peuple[3].

pas plus qu'il ne dissocie, Virgile, Horace ou Sénèque et Montaigne, vers et prose. Montaigne dépasse en effet le mouvement du négatif au positif, le mouvement de conversion du lyrisme à la satire, du style haut au style bas (qui n'est pas au demeurant sans retour) qui caractérise les textes d'Horace et du Du Bellay pour faire de ce dialogue des fureurs la trame de son écriture.

Là où le recueil des *Regrets* esquisse de sonnet en sonnet un échange de la fureur de l'écrivain à celle du lecteur, de la fureur

1 Cf. les sonnets III, VII, XII.
2 *Les Regrets*, sonnet CLVI.
3 *Essais*, I, 37, p. 232.

déniée à la Muse réinventée, le texte de Montaigne fait passer cet échange par celui des vers et de la prose. Du Bellay et Horace, le Du Bellay des *Regrets*, l'Horace des *Sermones*, sont des poètes qui réinventent la poésie à sa frontière, dans le réseau des interrogations et des négations, dans un dialogue permanent d'un genre poétique avec un autre, d'un style avec un autre, du recueil qu'ils écrivent avec ceux qu'ils ont écrit. Montaigne est un prosateur qui laisse place dans son texte à la poésie, qui instaure par là-même une véritable communication, des vers à la prose, des vers lus à la prose inventée. Si le créateur est indissociable du critique chez Du Bellay, selon le mot de Floyd Gray[1], la fureur créatrice est indissociable de la fureur du lecteur chez Montaigne. L'invention d'une prose poétique passe par cet échange. C'est bien pourquoi l'exemple que choisit Montaigne pour illustrer sa conception d'une prose poétique, d'une écriture qui dépasse les frontières habituelles est Platon.

La définition du poète est dans le chapitre "De la vanité" donnée comme platonicienne, et Platon allégué comme "juge et interprete de poësie", qualité rare et saluée par Montaigne : "nous avons bien plus de poëtes, que de juges et interpretes de poësie. Il est plus aisé de la faire, que de la cognoistre[2]." Or Montaigne est lui aussi un de ces connaisseurs, un de ces juges et interpretes ("je l'ayme infiniment : je me cognois assez aux ouvrages d'autruy[3]") au même titre que le philosophe grec. Quand Montaigne appelle Platon après Panætius "l'Homere des philosophes[4]" ce n'est pas seulement pour faire écho à un lieu commun que l'on retrouve de Cicéron à Quintilien[5]. Il

1 *La Poétique de Du Bellay*, Paris, Nizet, 1978, p. 161.
2 *Essais*, I, 37, p. 231.
3 *Essais*, II, 17, p. 635.
4 *Essais*, II, 36, p. 753.
5 Quintilien, *Institution Oratoire* X, I, 81 : "*Philosophorum... quis dubitet Platonem esse praecipuum, sive acumine disserendi, sive eloquendi*

s'agit peut-être moins en effet pour Montaigne de témoigner ainsi de la vérité quasi oraculaire, authentiquement inspirée des discours de Platon que de mettre l'accent sur la dette de Platon à l'égard d'Homère, sur les affinités essentielles de la poésie et de la philosophie. Nous avons vu plus haut que ce rapport établi de la philosophie à la poésie était un élément essentiel de la démonstration dans l'"Apologie de Raimond Sebon". Si Platon "luy mesmes est tout poëtique" c'est qu'il doit tout aux poètes, comme il est dit l'avouer lui-même : "Platon, qui dict tenir de Pindare et de l'ancienne poësie cette creance des infinies vicissitudes de mutation ausquelles l'ame est preparée...[1]"

Le texte qui éclaire le mieux la valeur de ce jugement porté sur Platon par Montaigne est le traité *Du Sublime*. On peut se demander si Montaigne a vraiment lu le traité. Dorothy Coleman s'est interrogée sur ce point de la manière la plus complète[2] ; on peut trouver maintes affinités entre les deux auteurs[3] mais aussi des différences notables[4]. N'en reste pas moins très éclairant le rapprochement que l'on peut faire entre les propos que tiennent les deux auteurs sur Platon, entre ce passage du traité *Du Sublime* :

---

facultate divina quadam et Homerica?... ut mihi non hominis ingenio, sed quodam Delphico videatur oraculo instinctus" ; Cicéron *De legibus* I, 58 "*Cujus (Platonis) praecepti tanta vis(...) est ut ea non homini cuipiam, sed Delphico deo tribueretur.*"

1 *Essais*, II, 12, p. 555.

2 *Op. cit.*, 2° partie, ch. 4, "Montaigne et Longin".

3 Comme le fait par exemple M. Fumaroli dans *l'Age de l'éloquence, Rhétorique et "res literaria" de la Renaissance au seuil de l'époque classique* Genève, Droz, 1980, p. 451.

4 Ainsi si Démosthène est pour Longin l'exemple par excellence du style sublime, qui dépasse l'opposition entre prose et poésie, il n'en est rien pour Montaigne. D'autre part Longin accorde une importance extrême dans ses critères du sublime aux *verba*, à leur disposition, aux figures de l'élocution (voir en particulier les critères définis en VIII, 1), selon une conception très différente de celle de Montaigne.

> Platon plus que tous les autres a puisé à la source homérique. Ce dernier a sur lui dérivé de ce grand fleuve un nombre incalculable de ruisseaux... Non l'imitation n'est pas un larcin... Platon n'aurait pas à mon sens fait fleurir de si grandes beautés sur les propositions de la philosophie et n'aurait pas dans les matières poétiques souvent introduit aussi la poésie des expressions, si, par Zeus, jeune athlète en face d'un rival depuis longtemps admiré, il n'avait de toute son âme lutté contre Homère pour s'assurer le premier rang[1].

et ces passages de l'"Apologie de Raymond Sebon" :

> D'où tirent ces auteurs anciens toutes leurs authoritez, que des poëtes ? Et les premiers furent poëtes eux mesmes et la traicterent en leur art. Platon n'est qu'un poëte descousu[2].
>
> Voyez prendre à mont l'essor à Platon en ses nuages poetiques ; voyez chez luy le jargon des Dieux...[3]

Le philosophe grec est bien chez Longin comme chez Montaigne à la fois le lecteur et le commentateur des poètes[4] et leur émule, c'est pourquoi Montaigne peut mettre sur le même plan Platon et Virgile, prolonger l'un par l'autre, quelque ironique que soit ici le rapprochement :

> Quand Platon nous deschiffre le vergier de Pluton et les commoditez ou peines corporelles qui nous attendent encore apres la ruine et aneantissement de nos corps, et les accommode au ressentiment que nous avons en cette vie,
>
> *Secreti celant calles, et myrtea circum*
> *Sylva tegit ; curae non ipsa in morte relinquunt*[5].

---

1 *Du Sublime* XIII, 3-4. Nous citons ici la traduction de H. Lebègue dans son édition du traité *Du Sublime*, Paris, "Les Belles Lettres", 1965, p. 22-3.

2 *Essais*, II, 12, p. 537.

3 *Ibid.*, p. 544.

4 Voir par exemple *Ibid.*, p. 601 ajout [C] pour Platon commentateur d'Homère ; cf. enfin la façon dont les deux noms d'Homère et de Platon sont systématiquement rapprochés, p. 601, p. 895, p. 1056.

5 *Ibid.*, p. 517 Virgile *Enéide*, VI : "Ils se dissimulent dans des sentiers écartés, et une forêt de myrte les enveloppe ; même dans la mort les soucis ne les abandonnent point."

Ainsi sont entrelacées, données comme équivalentes, les fables et fictions platoniciennes et les représentations de cet émule romain d'Homère qu'est Virgile. On mesure alors à quel point la référence à Platon du chapitre "De la vanité" est significative. L'enjeu est en effet dans le chapitre 9 du troisième livre non seulement, comme dans l'"Apologie de Raymond Sebon" de rendre la philosophie à la poésie, à la fantaisie, à l'invention (fiction) mais bien de définir par là même un modèle stylistique, une démarche d'écriture, celle des *Essais*. Platon "grand forgeur de miracles" est aussi un lecteur-inventeur, un prosateur inspiré par les poètes : il est, dans le chapitre "De la vanité", celui qui fournit à la fois la définition du poète et l'exemple d'une écriture bigarrée, d'une allure poétique. Et l'on voit aussi à quel point on est loin dans l'analyse que font Longin et Montaigne du rapport de la prose de Platon à la poésie de la conception des rhétoriciens comme Cicéron et Quintilien. Casaubon, dans son ouvrage sur la satire cite ainsi de manière caractéristique un jugement prêté par Cicéron à Varron, se louant d'avoir su faire passer par l'agrément du vers, des préceptes philosophiques :

> *... et tamen, inquit, in illis veteribus nostris, quae, Menippum imitati, non interpretati, quadam hilaritate conspersimus, multa admista ex intima philosophia, multa dialectice dicta : quae quo facilius minus docti intelligerent jucunditate quadam ad legendum invitati... idcirco Fabius Varronem inter eos numerat, qui praecepta sapientiae versibus tradiderunt*[1].

1 "Et pourtant, dit-il, on trouve dans cette œuvre que j'ai écrite autrefois, qu'imitant Ménippe sans le traduire, j'ai mêlée d'un certain humour, beaucoup de traits mêlés à la plus profonde philosophie, beaucoup de raison: ainsi les moins doctes comprennent-ils plus facilement, invités à la lecture par le plaisir ... Fabius compte Varron au nombre de ceux qui ont transmis en vers les préceptes de la sagesse." I. Casaubon, *op. cit.* p. 198-9. Casaubon cite ici les *Académiques*, I, 2.

Varron ne reçoit ici approbation que pour avoir su varier les tons pour mieux faire passer les idées. Quintilien et même Sénèque ne voient de la prose à la poésie, dans le meilleur des cas, qu'un rapport analogique, jamais d'émulation[1]. Or c'est précisément un rapport de cette nature qui nous semble à l'œuvre dans le texte de Montaigne.

1 Quintilien, *Institution oratoire*, X, 1, 27, 46-50 et Sénèque, *Epistolae*, XXXIII, 2.

DEUXIÈME PARTIE

PROSE POÉTIQUE

L'air porte les paroles, quand on les sépare,
il ne passe plus que des mots — le leurre du sens

Marina Tsvetaieva

"... la meilleure prose ancienne (...) reluit par tout de la vigueur et hardiesse poetique, et represente l'air de sa fureur." Si la meilleure prose représente l'air de la fureur poétique, c'est qu'elle a le même pouvoir de remplir et ravager, de poindre et de férir. Et ce sont ces mêmes termes que l'on retrouve chez Montaigne pour qualifier l'effet produit à la lecture de Sénèque aussi bien que des vers de Virgile ou Lucrèce[1]. C'est à partir de là qu'il faut tenter de définir les caractéristiques d'une prose poétique, de la prose poétique pour et chez Montaigne.

Ce dernier aspect a en effet fait l'objet d'études multiples et éclairantes mais nous semble avoir été jusqu'à maintenant envisagé de manière univoque. Dire que Montaigne cite surtout des prosateurs après 1588, est indubitable, mais ajouter qu'il les choisit avant tout pour leur art de la pointe, leurs *acumina*, et en faire le critère du caractère poétique de la prose même de Montaigne ne saurait suffire[2], quelque pertinent que soit au demeurant ce critère si on ne l'isole pas.[3]. C'est en effet donner trop beau jeu à la seule élocution, et ce contre toutes les affirmations véhémentes de Montaigne sur le primat de l'invention. Avancer d'autre part que la prose de Montaigne est poétique parce qu'elle ne respecte pas les règles de composition

---

1 Cf. les termes qu'emploie Montaigne en III, 12 (p. 1040) pour qualifier l'effet produit sur lui par la lecture de Sénèque : "L'un, plus vif, nous pique et eslance en sursaut, touche plus l'esprit [...] celuy là ravit nostre jugement" et ceux qu'il emploie dans les essais, I, 37 ou III, 5.

2 D'autant que Montaigne fustige à plaisir le goût de la pointe de ses contemporains, quelque usage qu'il en fasse. Cf. aussi sur ce point *Essais*, II, 10, p. 412 et le commentaire de Mercedes Blanco, *op. cit.*, p. 67-70.

3 C'est évidemment une présentation réductrice de la belle étude de R. Fromilhague, "Montaigne et la nouvelle rhétorique" (in *Critique et création littéraires en France au XVIIe s.*, éd. M. Fumaroli, Paris, C. N. R. S., 1977, p. 55-67), dont M. Fumaroli reprend le point de vue dans son *Age de l'éloquence* (*op. cit.* p. 500 et s.).

rhétorique, qu'elle use à cet égard de la liberté du poème[1], c'est encore moins discutable et le chapitre "De la vanité" en est le meilleur témoin, mais c'est encore insuffisant, car cette fois on ne se préoccupe que de la disposition[2]. Adopter enfin un point de vue philologique, s'interroger, comme le fait Jules Brody[3], sur l'invention lexicale de Montaigne, sur son abondance pour y retrouver le critère jakobsonnien du poétique, est certes très suggestif, mais là encore on ne s'intéresse qu'à la *copia verborum*, sans envisager le processus d'invention et d'écriture dans son ensemble.

Tous ces critères demandent peut-être seulement à être articulés. C'est ce que permet, nous semble-t-il, la relecture des *Essais* à la lumière de l'analyse contemporaine des relations entre poésie et prose, telle qu'elle peut être formulée dans les éditions et les commentaires des poètes ou des prosateurs latins, en particulier à propos d'un auteur tel que Sénèque.

---

1 Voir par exemple sur cette opposition bien connue la *Responce aux injures* de Ronsard.

2 Voir en particulier pour un tel point de vue Laurence D. Kritzman *Destruction/ découverte le fonctionnement de la rhétorique dans les Essais de Montaigne*, Lexington, Kentucky, French Forum publishers, 1980, en particulier p. 150 et s.

3 *Lectures de Montaigne*, Lexington, Kentucky, French forum publishers, 1982, p. 63 et s.

CHAPITRE I

Le modèle sénéquien

I - Sénèque modèle et mobile de prose poétique ?

> Quand j'entreprendroy de suyvre cet autre stile aequable, uny et ordonné, je n'y sçaurois advenir ; et encore que les coupures et cadences de Saluste reviennent plus à mon humeur, si est-ce que je treuve Cæsar et plus grand et moins aisé à representer ; et si mon inclination me porte plus à l'imitation du parler de Seneque...[1]

Si Muret par exemple, dans ses commentaires des lettres de Sénèque rapproche ce dernier d'Horace — ou d'autres poètes — très souvent, mais surtout en général pour l'affinité des idées et maximes stoïciennes et épicuriennes, ne mettant en valeur ainsi que leur égalité dans l'art de la formule[2], Henri Estienne dans son introduction à la lecture de Sénèque, *Ad Senecae lectionem proodopoeia*,[3] — dont le deuxième livre est entièrement consacré au style de Sénèque — rapproche lui aussi la prose de l'un et les vers de l'autre selon des critères stylistiques plus nombreux et plus précis.

Une des premières caractéristiques que relève H. Estienne est le caractère fractionné de l'*oratio Senecae* :

---

1 *Essais*, II, 17, p. 638.

2 *L. Annaei Senecae Philosophi cordubiensis ad Lucilium Epistolarum libri. M. Ant. Mureti notis, Ferd. Pinciani castigationibus, Erasmi Roterdami annotationibus*, Parisiis, ex officina plantiniana, 1602. Voir par exemple p. 40 où il rapproche tour à tour la formule de Sénèque "*si vis amari, ama*" de Théocrite (*non alienus hinc est Theocriti versiculus*) et d'Horace (*His enim et similibus de causis amicos sapienti parandos monebat Epicurus, Horatius....*). Un peu plus loin la maxime sénéquienne "*Pueritiae maximus in exitu decor est*" est rapprochée des mots qu'Ovide prête à Sappho et d'une formule d'Homère (*Ibid.*, p. 52-3). A chaque fois ne sont élues, commentées, rapprochées par le commentateur que les maximes saluées pour leur égale densité et beauté et l'affinité de leur sens.

3 *Ad Senecae lectionem proodopœia in qua nonnulli eius loci emendatur*, Genevae, 1586.

> *Primum enim membratim caesimque plerunque loquitur ; deinde particulas, quae orationis vincula sunt, (ideoque coniunctiones vocantur) omittit*[1].

Or H. Estienne au lieu d'opposer simplement ce style coupé au style cicéronien, rapproche cette tendance de la pratique poétique et en particulier de la pratique horatienne. Ainsi au chapitre III consacré aux particules de liaison (*De particulis ad junganda inter se orationis membra aptis, quae a Seneca plerumque praetermittuntur*) écrit-il :

> *Sicut multa sunt quorum utilitas tum magis cognoscitur, quum iis caremus. Poetis tamen ignoscitur, quum huius modi voculas praetermittunt : partim quod novitatem aliquam et differentiam a soluta oratione quaerant : partim etiam quod illae iniquis numerorum spatiis interdum excludantur. Sed inter poetas Horatius praesertim hunc morem habet : at vero ex iis qui prosa (sive prorsa) oratione usi sunt, vix ullus (ut opinor) ad minimam partem ejus libertatis accedit quam Seneca usurpavit*[2]

Cette écriture *membratim caesimque*, qui fractionne la prose à l'égal de la poésie[3], frappe n'importe quel lecteur de Montaigne. Elle suppose qu'on se libère des règles de la syntaxe, qu'on joue sur la *novitas* et la *differentia a soluta*

1 *Op. cit.*, p. 66 : "D'abord, il s'exprime le plus souvent de façon fragmentée et coupée; ensuite il omet les particules qui sont les liens du discours (ce pourquoi on les appelle conjonctions)."

2 *Ibid.*, p. 98-99. "Il est beaucoup de particules dont on perçoit surtout l'utilité quand elles sont absentes. On pardonne cependant aux poètes de négliger ce genre de liaisons: en partie parce qu'ils cherchent à innover et à différencier leur discours du discours prosaïque; en partie parce que ces particules sont parfois incompatibles avec la mesure du vers. Horace est le poète chez qui cette tendance est la plus marquée. Mais parmi les prosateurs, personne à mon avis n'en use avec autant de liberté que Sénèque." On peut rapprocher ici les analyses d'Henri Estienne de celles de Calvin, dans la dédicace de 1529 de son commentaire du *De Clementia*, pour qui tous ces traits sont autant de défauts. Voir sur ces points les analyses d'Olivier Millet dans sa thèse, *Calvin et la dynamique de la parole*, Paris, Champion, 1992, p. 61-3.

3 *Proodopœia*..., *op. cit.* Livre II, chapitre 1 ("*De structura orationis Senecae*"), p. 80 : "*membratim incisimque loquitur, id est, per cola & commata.*"

oratione, c'est-à-dire, explique Estienne, qu'on pratique l'asyndète et l'ellipse, comme Horace, comme Térence (*ibid.*, p. 107), et l'on retrouve ici les auteurs de prédilection de Montaigne, celui qu'il cite sans cesse, celui dont il fait un éloge si marqué à l'essai "Des livres". Montaigne s'est lui-même expliqué sur son choix des cadences courtes, sur sa prédilection pour l'iambe, rythme privilégié du théâtre, dans ce même chapitre, où il critique les "longues cadences au bout des clauses" de Cicéron : "Pour moy, j'ayme mieux une cadance qui tombe plus court, coupée en yambes[1]."

Au delà du simple usage de la clausule, c'est toute la *structura orationis*, comme dit H. Estienne, qui est ici en cause. Or ce style coupé, caractéristique de la latinité d'argent, revendiqué par Juste Lipse[2], critiqué dès l'antiquité par Cicéron[3] et par Quintilien (et ce à propos de Sénèque[4]) reprend chez Montaigne tout son sens, plus encore que chez Sénèque et même Juste Lipse d'être retrouvé à la source du poème. L'analogie que note H. Estienne entre prose et poésie, entre la

1 *Essais*, II, 10, p. 416.

2 Voir par exemple dans l'*Epistolica Institutio* chapitre VII la définition du *sermo brevis* ; "*qui fiet igitur sermo brevis? observatione triplici rerum, compositionis, verborum, rerum : ut supervacuum nihil admisceas..., compositionis : ut structuram et periodum longiorem omnem fugias membris utare ; et asyndetis saepe ; verborum... parca et pura oratio sit...*" (Lyon, ex officina plantiniana, apud F. Raphelengium, 1591, p. 20). Voir surtout pour une analyse du style coupé, M. W. Croll, *Style, Rhetoric and rythm*, éd. J. M. Patrick et R. O. Evans, Princeton University Press, 1966, en particulier l'essai I : "Juste Lipse et le mouvement anticicéronien à la fin du XVI° siècle et au début du XVII°" et notamment p. 29, l'énumération des caractéristiques du style coupé : la concision, l'omission des conjonctions, le refus des parallélismes, de la *concinnitas* cicéronienne, l'emploi fréquent des parenthèses et des tournures concessives, le goût pour les pointes et les *acumina*, le style métaphorique.

3 *Orator*, 170 : *Ipsi in fracta et amputata loquuntur et eos vituperant qui apta et finita pronuntiant.*

4 *Institution Oratoire*, X, 1, 130 : *Nam si aliqua contempsisset, si prava non concupisset, si non omnia sua amasset, si rerum pondera minutissimis sententiis ne fregisset, consensu potius eruditorum quam puerorum amore comprobaretur.*

prose de Sénèque et la poésie d'Horace, redevient chez Montaigne affinité et cause première. Les vers constituent, dans la prose de Montaigne, une vraie rupture, introduisent leur cadence, leur rythme propre.

Tout joue en effet le plus souvent sur l'échange des vers et de la prose, le rythme comme les images, ainsi dans ce passage de l'essai "Qu'il ne faut juger de nostre heur, qu'apres la mort" :

> Mais à ce dernier roll(e) / de la mort et de nous / il n'y a plus que faindr(e) / il faut parler François / il faut montrer ce qu'il y a de bon et de net dans le fond du pot,
>
> *Nam verae voces tum demum pectore ab imo*
> *Ejiciuntur, et eripitur persona, manet res*[1].
>
> Voilà pourquoy se doivent à ce dernier traict toucher et esprouver toutes les autres actions de nostre vie. C'est le maistre jour, c'est le jour juge de tous les autres : c'est le jour, dict un ancien, qui doit juger de toutes mes années passées. Je remets à la mort / l'essay du fruict de mes estudes / Nous verrons là si mes discours / me partent de la bouche, / ou du coeur.

La phrase qui précède la citation introduit d'abord dans l'équilibre de l'alexandrin une rupture par l'asyndète, la relance anaphorique qui poursuit l'élan au delà de la mesure rythmique, annonçant ainsi le rejet des vers latins. Le rythme décroissant, brisé peu à peu par le rejet, l'asyndète antithétique des deux vers de Lucrèce ne retentit que peu à peu, ne rompt que progressivement l'élan des phrases qui les suivent, rompues d'abord par l'asyndète et l'anaphore, puis par la reprise de l'antithèse et de la métaphore, dans une alternance de la prose et des vers, portée par l'alternance du particulier et du général, de l'impersonnel et du personnel. C'est bien en effet dans cette rencontre de la maxime éponyme de Solon, des vers de Lucrèce et de la prose de Sénèque que se fait ici l'essai des "beaux

---

1 *Essais*, I, 19, p. 80 : "Alors seulement des paroles sincères nous sortent du fond du cœur, le masque tombe, la réalité reste." (Lucrèce)

discours de la Philosophie"[1], que viennent se briser et se renouveler les formules trop ciselées pour constituer la contexture propre à l'essai, à mi-chemin des vers et de la prose.

On peut aussi observer dans le jeu conjugué des ajouts et de la prose et des vers le processus d'invention et de composition d'une prose poétique chez Montaigne. Ainsi du premier essai du livre II, "De l'inconstance de nos actions" :

> C'est un mot de Demosthenes, dit-on, que le commencement de toute vertu, c'est consultation et deliberation ; et la fin et perfection, constance. Si par discours nous entreprenions certaine voie, nous la prendrions la plus belle ; mais nul n'y a pensé,
>
> *Quod petiit, spernit, repetit quod nuper omisit ;*
> *Aestuat, et vitae disconvenit ordine toto*[2].
>
> Nostre façon ordinaire, c'est d'aller apres les inclinations de nostre appetit, à gauche, à dextre, contre-mont, contre-bas, selon que le vent des occasions nous emporte (...) Ce que nous avons à cett'heure proposé /, nous le changeons tantost /, et tantost encore retournons sur nos pas / : ce n'est que branle et inconstance
>
> *Ducimur ut nervis alienis mobile lignum*[3].
>
> Nous n'allons pas / ; on nous emporte /, comme les choses qui flottent /, ores doucement /, ores avecques violence /, selon que l'eau / est ireuse ou bonasse.

La première citation d'Horace n'impose à la prose de Montaigne son allure antithétique, ses asyndètes et ses ruptures que très progressivement. Ce n'est que peu à peu que les échanges se font d'une personne à l'autre, d'une citation à l'autre, et d'une image à l'autre. Le rythme devient plus scandé : "nous n'allons pas, on nous emporte", dans un écho du rythme du *quod petiit, spernit*, en même temps que de son premier écho prosaïque (à gauche, à dextre, contremont, contrebas).

1 *Ibid.*, p. 79.

2 *Essais*, II, 1, p. 333, Horace (*Epîtres*) : "Ce qu'il a voulu, il le rejette, il veut de nouveau ce qu'il vient de quitter ; il est toujours flottant, et sa vie est une perpétuelle contradiction."

3 *Ibid.* : "On nous mène comme la marionnette que meuvent des muscles étrangers." (Horace, *Satires*)

Ce n'est que dans l'ajout [C] après le détour d'une nouvelle citation de Lucrèce de 1588 :

> [B]*nonne videmus*
> *Quid sibi quisque velit nescire, et quaerere semper,*
> *Commutare locum, quasi onus deponere possit*[1] ?

que l'on retrouve l'écho de la première métaphore d'Horace, portée par la négation, le vocabulaire lucréciens et son jeu de personnes mais aussi par l'anaphore et le retour à l'asyndète et aux cadences courtes :

> [C] Nous flottons entre divers advis : nous ne voulons rien librement, rien absoluëment, rien constamment.

On revient ainsi au mot de Démosthène, à la constance première, définitivement déboutée par la négation, déstabilisée au terme de ce parcours. Il y a loin de la maxime initiale et de son balancement antithétique, tout d'affirmation, à l'énonciation finale qui n'a d'autre autorité que celle du mouvement, du rythme poétiques.

Il arrive parfois que le texte mène l'échange jusqu'au point où c'est la prose qui scande et brise le rythme quand le vers redonne au contraire le *legato* :

> [A] J'estois tel, car je ne me considere pas à cette heure que je suis engagé dans les avenuës de la vieillesse, ayant pieça franchy les quarante ans :
> *[B] minutatim vires et robur adultum*
> *Frangit, et in partem pejorem liquitur aetas*[2].
> [A] Ce que je seray doresenavant, /ce ne sera plus qu'un demy estre, / ce ne sera plus moy. Je m'eschape tous les jours et me desrobe à moy,
> *Singula de nobis anni praedantur euntes*[3].

---

1 "Ne voyons-nous pas que l'homme ne sait pas ce qu'il veut et qu'il cherche sans cesse, qu'il change continuellement de place, comme s'il pouvait ainsi se débarrasser de son fardeau?"

2 *Essais*, II, 17, p. 641 : "Peu à peu les forces et la vigueur de la maturité sont brisées par l'âge et le déclin commence." (Lucrèce)

3 *Ibid.*, p. 642 : "Un à un tous nos biens nous sont dérobés par les années qui passent." (Horace, *Epîtres*)

Encadré par deux phrases de vérité générale, où le mouvement de *legato* épouse celui du temps, se dit l'émiettement du temps personnel, la perception *singulatim, minutatim* du moi dans le temps, dans sa succession et son *decrescendo*, bien marqués par le rythme, comme si c'était ici aux vers latins de préciser *a posteriori* les mots et le thème, à la prose de Montaigne d'en donner d'emblée le mouvement et le rythme.

Ainsi Montaigne joue-t-il de la souplesse de sa langue "l'estirant et ployant" pour donner à la prose la légèreté ailée de la poésie ("c'est une art, comme dict Platon, legere, volage...") ou la rendre à nouveau au *sermo pedestris* pour lui reprêter bientôt aile dans l'envol des vers d'autrui ou de son propre élan.

Là même où, comme dans le début du chapitre "Du repentir", la prose semble seule dominer, l'écriture de Montaigne fait en effet alterner d'elle-même la longueur des phrases purement prosaïques, si l'on peut dire, la sinuosité du *sermo pedestris*, et la brièveté des fragments rythmés, comme pour illustrer un principe poétique. Il suffit de consulter l'exemplaire de Bordeaux, de noter les majuscules et les ponctuations ici introduites, pour scander le texte et faire alterner *cola* et *commata*, pour se convaincre de l'importance accordée par Montaigne au rythme, aux coupures, aux cadences[1] :

---

1 Voir la reproduction en phototypie de l'exemplaire de Bordeaux : *Reproduction en phototypie de l'exemplaire avec notes manuscrites marginales des Essais de Montaigne, appartenant à la ville de Bordeaux, publiée avec une introduction par Fortunat Strowski*, Paris, Hachette, 1912, 3 vol., vol. III, pl. 728. Nous signalerons désormais les recours à cette édition par les initiales EP. Les modifications apportées de la main de Montaigne sont ici soulignées en caractères gras. Sur le "système de segmentation" introduit par les corrections autographes de Montaigne sur

> Les autres forment l'homme /, Ie le récit(e) /, et en represente un particulier /, bien mal formé /, Et lequel si i'avoy à façonner de nouveau /, ie ferois vrayement bien autre qu'il n'est / : Meshuy c'est fait /. Or les traits de ma peinture, ne fourvoyent point, quoy qu'ils se changent et diversifient.

On revient ainsi sans cesse de l'asyndète à la liaison, de la brièveté et de la rupture au mouvement de relance par la liaison, par l'hyperbate. Chaque proposition est relancée au moment de sa pause et bascule sur la proposition suivante, dans un mouvement que soulignent les virgules, qui introduisent souvent un décalage entre rythme et syntaxe, et les majuscules ajoutées sur l'exemplaire[1]. Tout joue ici sur la variabilité, le long et le court, la rupture de la régularité du rythme à peine installé, aussitôt modifié, et en même temps, sur l'alternance, le mouvement de balancier très caractéristique de ce début de chapitre qui ne cesse de revenir de la démarche de l'essai au mouvement du monde. On retrouve à la fin du chapitre ce mouvement d'alternance de la brièveté à la longueur sinueuse, et du jeu de l'asyndète, du polyptote, de l'antithèse et de l'anaphore qui scande et structure les membres courts, à l'enchaînement, à l'ampleur progressive d'une phrase articulée par la syntaxe :

> Si i'avois à revivre ie revivrois come i'ay vescu / : ny ie ne pleins le passé, ny ie ne creins l'advenir. Et si ie ne me deçois, il est allé du dedans environ come du dehors. C'est une des principales obligations que i'aye à ma fortune, que le cours de mon estat corporel aye esté conduit chasque chose en sa saison. I'en ay veu

---

l'Exemplaire de Bordeaux, sur la necessité de tenir compte en particulier des "majuscules de scansion" pour percevoir "ce que le style et la pensée de Montaigne ont de plus insolite" voir A. Tournon, "Je n'ai jamais lu les *Essais* de Montaigne" dans *Cahiers Textuel* n°12, 1993, p. 9-29 ; " L'énergie du style coupé et la censure éditoriale", Actes du Colloque de St Andrews, *Montaigne et la Rhétorique*, Paris, Champion, 1995 ; "La segmentation du texte, usages et singularités", Actes du colloque de la Société des Amis de Montaigne, "Editer les *Essais* de Montaigne", janvier 1995 (à paraître).

1 Et que renforce à la première ligne l'emploi du e muet.

> l'herb(e) et les fleurs et le fruit. / et en vois la secheresse./ Heureusement / puisque c'est naturellemant[1].

Et les derniers *cola* combinent liaisons à peine appuyées et cadences courtes avant qu'une nouvelle phrase ne reprenne progressivement amplitude, dans un jeu de relance syntaxique, d'hyperbate,

> Je porte bien plus doucemant les maux que i'ay, d'autant qu'ils sont en leur poinct. Et qu'ils me font aussi plus favorablement souvenir de la longue felicité de ma vie passée[2].

Jusqu'à la fin du chapitre se poursuit ce mouvement dans une sorte d'élan, de respiration sans cesse réinventée, qui "peint le passage", le mouvement de l'être dans le temps :

> L'homme marche entier/, vers son croist/ et vers son décroist. /(...)Qu'elles Metamorphoses/ luy voy-ie faire tous les iours/, en plusieurs de mes cognoissans ?

Comme au début du chapitre on revient sans cesse de l'objet au sujet, des autres au je, dans un rythme qui va s'accélérant, se brisant, comme le souligne bien le balancement de plus en plus marqué des pairs et des impairs, où la syntaxe et les sonorités sont mises au service de la scansion :

> Ie soutiens tant que ie puis : Mais ie ne sçay en fin /, ou elle me menera moy-mesme : A toutes avantures/, ie suis content qu'on sçache/ d'où ie seray tombé[3].

Le rythme devient syncopé, presque à la manière d'un Michaux[4]. On est ici à la frontière du vers libre, qui est au cœur de la réflexion et du travail par exemple de Ronsard sur les *numeri lege soluti* du dithyrambe[5].

---

1 Ajout manuscrit de l'exemplaire, EP, pl. 739.

2 *Ibid.*

3 Voir *Ibid.*, pl. 740.

4 Voir en particulier les analyses que fait du rythme de Michaux H. Meschonnic dans *La Rime et la Vie*, Paris, Verdier, 1990.

5 Voir sur ce point le dithyrambe du tome V des *Oeuvres complètes de Ronsard* (édition critique par P. Laumonier, révisée et complétée par I. Silver

Or l'enjeu nous semble bien de recréer à l'intérieur même de la prose de Montaigne, l'alternance et l'interaction de l'élan et de la rupture, de réinventer un rythme ailleurs porté par la contexture de la prose et des vers. Et c'est par là que Montaigne nous semble aller bien au delà de Sénèque et des principes du style coupé, mener beaucoup plus loin le jeu.

Le chapitre "Des Coches" offre de très beaux exemples[1] de cette composition rythmique des *Essais*. Dans l'élan des vers de Lucrèce s'envole ainsi progressivement la prose de Montaigne, d'abord *sermo pedestris* linéairement déroulé au long de ses coordinations répétées, elle épouse peu à peu le rythme du poème latin pour mieux rendre celui du temps :

> *Verum, ut opinor, habet novitatem summa, recens que*
> *Natura est mundi, neque pridem exordia cœpit...*[2]
>
> Nostre monde vient d'en trouver un autre (et qui nous respond si c'est le dernier de ses freres, puis que les Dæmons, les Sybilles et nous, avons ignoré cettuy-ci jusqu'asture ?) non moins grand, plain et membru que luy, toutesfois si nouveau et si enfant qu'on luy aprend encor son a, b, c (...) Si nous concluons bien de nostre fin /et ce poëte de la jeunesse de son siecle /cet autre monde ne faira qu'entrer en lumiere /quand le nostre en sortira. /L'univers tombera en paralisie /l'un membre sera perclus, /l'autre en vigueur.

Et Montaigne fait retrouver à sa prose le rythme anaphorique de la première citation de Lucrèce qui précédait presque immédiatement celle-ci :

---

et R. Lebègue, Paris, Didier, 1968, p. 53) et P. Laumonier, *Ronsard poète lyrique*, Paris, Hachette, 1908 (p. 101 et s.) ainsi qu'Isidore Silver, *Ronsard and the Hellenic Renaissance in France*, T. II *Ronsard and the Grecian Lyre*, Genève, Droz, 1981, p. 152 et s.

1 Voir l'analyse que propose J. Larmat du rythme de ce chapitre dans "L'art de Montaigne dans le chapitre "Des Coches" in *Prose et prosateurs de la Renaissance : mélanges offerts à M. le professeur R. Aulotte*, Paris, Sedes, 1988, en particulier p. 209-10.

2 *Essais*, III, 6, p. 908 : "A mon avis, l'univers n'est pas ancien ; le monde est d'origine récente, et il n'y a pas longtemps qu'il a pris naissance." (Lucrèce)

Jamque adeo affecta est aetas, affectaque tellus[1].

et la combine au rythme haché par les virgules et le rejet de la deuxième pour mieux dépasser l'apparente contradiction des termes et rendre le paradoxe de la coexistence de l'ancien et du nouveau.

Mais le passage le plus frappant est peut-être la péroraison, où, après la longue narration de la mort des rois du Pérou et de Mexico, après la lente description de la beauté de ce pays de l'âge d'or, est orchestrée rythmiquement, par le seul pouvoir de la prose, la chute, dans une régularité implacable progressivement enfin trouvée, tout mouvement, tout espoir définitivement tombés :

> Ce dernier Roy du Peru, / le jour qu'il fut pris, / estoit ainsi porté sur des brancars d'or, / et assis dans une cheze d'or, / au milieu de sa bataille. Autant qu'on tuoit de ces porteurs / pour le faire choir à bas, / car on le vouloit prendre vif, / autant d'autres, et à l'envy, / prenoient la place des morts, / de façon qu'on ne le peut onques abbatre, / quelque meurtre qu'on fit de ces gens là, / jusques à ce qu'un homme de cheval / l'alla saisir au corps, / et l'avalla par terre[2].

Ici tout repose non plus sur l'asyndète mais sur le décalage de la syntaxe et du rythme, l'effet d'élan interrompu et finalement brisé, comme dans les plus beaux passages de Virgile et notamment celui cité au chapitre précédent[3].

Mais poursuivre l'analyse sur cette voie n'est-ce pas faire de la prose de Montaigne le lieu privilégié des figures gorgianiques, de leurs parallélismes, symétries et homéotéleutes dans une démarche apparemment plus que paradoxale s'agissant d'un auteur si explicitement situé dans une tradition

---

1 *Ibid.* : "Tant désormais notre âge n'a plus la même vigueur, ni la terre la même fertilité."

2 *Ibid.*, p. 915.

3 *Essais*, III, 5, p. 849, cf. par exemple le célèbre tableau de Didon au début du chant IV de l'*Enéide*, v. 68 et s.

tout autre, qui se refuse par principe aux charmes de la *concinnitas* cicéronienne ? On ne peut en effet s'aventurer plus loin sans d'abord replacer Montaigne dans le paysage stylistique de son temps, celui même que contribue à dessiner en même temps et souvent dans des termes voisins son contemporain Juste Lipse.

II - Montaigne et Juste Lipse, *vigor et calor oratoris*

La question du rythme et de "la rythme" ne renvoie plus tant en effet au moment où écrit Montaigne au débat sur le nombre oratoire et sur la rivalité de la prose et de la poésie tel qu'il pouvait se poser du *Dialogue des Langues* de Speroni à la *Deffence et Illustration* de du Bellay, dans des termes qu'a si bien analysés Kees Meerhoff[1] qu'à la question du style, de l'*optimus stylus*, pour reprendre cette fois les termes de l'étude de Christian Mouchel[2], telle qu'elle se pose dans le sillage de saint Augustin, de Sénèque, de l'édition du traité *Du Sublime*[3], et bien sûr d'Erasme[4] à Montaigne et à Juste Lipse. Pour

---

1 K. Meerhoof, *Rhétorique et Poétique au XVI° siècle en France, op. cit.* . Quelque essentielle que demeure néanmoins cette question du *numerus* que nous retrouverons plus loin.

2 Christian Mouchel, *Cicéron et Sénèque dans la rhétorique de la Renaissance (Le débat sur "le meilleur style" dans la littérature érudite de 1555 à 1620)*, Thèse de doctorat d'état, Paris IV, 1986 ; Lille, Atelier National de reproduction des Thèses, 1988 ; Marburg, Hitzeroth, collection "Ars Rhetorica", 1990. Nous citons ici la version dactylographiée.

3 La première édition de Robortello date de 1554, suivie l'année suivante d'une édition par Paul Manuce.

4 Il faut en effet ici faire la part de l'influence si importante d'Erasme sur Montaigne soulignée par exemple par M. Mann Philipps, "From the Ciceronianus to Montaigne" in *Classical influences on european culture, (A. D., 1500-1700)*, R. R. Bolgar ed., Cambridge, 1976, p. 191-197 ; "Erasme et Montaigne", in *Colloquia Erasmiana Turoniensia*, Paris, Vrin, 1972, T. I, p. 479-501 ; — T. Cave, *The cornucopian text*, Oxford, Clarendon Press, 1979 ; — G. Defaux, *Marot, Rabelais, Montaigne, l'écriture comme présence*, Paris-Genève, Champion-Slatkine, 1987 ; — M. Magnien, "Un écho de la querelle cicéronienne à la fin du XVIe siècle : éloquence et

Montaigne et Juste Lipse le style ne doit pas être une forme imposée à la pensée mais l'émanation même de l'*ardor pectoris*, de l'*impetus animi*, le discours même de l'enthousiasme. Et les termes que Lipse emploie pour faire l'éloge du style de Sénèque dans la *Manuductio* ne rappellent pas seulement ceux qu'emploie Montaigne pour parler du même auteur, nous l'avons vu, mais ceux qu'il applique aussi à la poésie :

> De même qu'on ne saurait mettre le feu si le flambeau qu'on approche n'est lui-même enflammé, de même le discours ne saurait animer l'auditeur à moins d'être lui-même vivant et chaud. Il est ainsi chez notre auteur. Et je ne me trompe pas : son âme le pressait lorsqu'il s'est mis à écrire, son style a reçu la pression de son âme, et nous la recevons de son style[1].
>
> La fureur qui espoinçonne celui qui la sçait penetrer, fiert encores un tiers à la luy ouyr traitter et reciter[2].

Lipse lui-même, parlant de son propre style, se réclame de la fureur poétique, de cette fureur que Montaigne n'ose attribuer qu'aux autres :

> Tout ce qui est louable dans mon style vient de la nature, non du travail. Veux-tu connaître ma façon d'écrire ? je m'épanche, je n'écris pas. Et seulement dans la chaleur de l'inspiration, non autrement que les poètes[3].

---

imitation dans les *Essais*", in *Rhétorique de Montaigne*, Actes réunis par F. Lestringant, Paris, Champion, 1985, p. 85-99. Voir bien sûr aussi l'étude de J. Chomarat, *Grammaire et Rhétorique chez Erasme*, Paris, Les Belles Lettres, 1981 ; et enfin pour une situation de Montaigne dans une "rhétorique de l'ethos" dont Erasme est l'initiateur à la Renaissance, voir J. Lecointe, *L'idéal et la différence*, *op. cit.*, chapitre III.

1 "*Sicut enim facem frustra ad accendendum admoveas, nisi accensam : sic sermonem ad excitandum, nisi vegetum & calentem. In nostro est. et non fallor : arsit illi animus cum scripsit, ab animo stylus, a stylo nos.*" *Manuductionis ad stoicam philosophiam libri tres...* Anvers, ex officina plantiniana, apud I. Moretum, 1604, Livre I, diss. XVIII, p. 59 ; traduit par C. Mouchel, *op. cit.* p. 403.

2 *Essais*, I, 37, "Du jeune Caton", p. 232.

3 "*Sane siquid in oratione nostra aut stilo probandum : totum a natura est, vix a cura. Rationem meam scribendi scire vis? fundo, non scribo. Nec nisi in calore & interno quodam impetu, haud aliter quam poetae.*" *Epistularum*

La suite de l'analyse que fait Lipse de Sénèque dans la *Manuductio* évoque à nouveau d'autres passages de Montaigne, des propos sur la poésie "Du jeune Caton" ou de "Sur des vers de Virgile" au fameux "je parle au papier"[1] et au texte-skeletos où "d'une veuë, les veines, les muscles, les tendons paroissent", figure de la présence charnelle de l'écrivain et de l'écriture[2].

> *Tantus ubique vigor et calor est... sic omnia animata et spirantia : ut excitari vel ignava et jacentia ingenia necesse sit et tepida aut frigida calere. Immo non scripta legere, sed verba audire ; nec imaginem ejus in libris sed ipsum hominem oculis sensibusque usurpare videamur*[3].

Il n'est jusqu'à la référence à la satire latine, miroir fidèle des *affectus*, qu'on ne retrouve d'un auteur à l'autre avec la même caution horatienne :

> *Speculum animi liber, vetus verbum fuit : sed verissime de Epistolis dicetur, in quibus & affectus nostri & paene cogitationes,*
> *Votiva veluti, pateant, depicta tabella*[4].
>
> ... à l'exemple de Lucilius,
>
> *Ille velut fidis arcana sodalibus olim*
> *credebat libris (...)*
> *Votiva pateat veluti descripta tabella*
> *Vita senis*

---

selectarum III centuriæ, Anvers, ex officina plantiniana, apud I. Moretum, 1601, *centuria* II, épître II, p. 176, traduit par C. Mouchel, *op. cit.* p. 466.

1 *Essais*, III, 1, p. 790.

2 *Essais*, II, 6, p. 379.

3 *Manuductio op. cit.* p. 58-9 : "Il a tant de force et de chaleur(...) il se trouve dans tous ses propos tant de vie et de souffle qu'il ne peut qu'exciter les esprits inertes et languissants et réchauffer les esprits tièdes ou froids. Bien plus on ne croit pas lire des écrits mais entendre des paroles, ni saisir son image dans ses livres, mais par la vue, les sens l'homme lui-même. " traduit par C. Mouchel *op. cit.* p. 409

4 Avertissement "Ad lectorem" de la première centurie des *Epistolarum selectarum "Ad Belgas"*, *Epistolarum selectarum centuria singularis ad Germanos & Gallos, centuriae ad Belgas, centuria miscellanea*, Anvers, ex officina plantiniana, apud I. Moretum, 1602, non paginé.

> Celuy là commettoit à son papier ses actions et pensées, et s'y peignoit tel qu'il se sentoit estre[1].

Les échos sont multiples de la préface aux lettres de 1586 au texte de Montaigne

Préface de 86	*Essais*
Pour moi les lettres doivent naître sous la main comme sous la pointe même de la plume. Et pour tout dire, loin de les corriger, c'est à peine si je les relis [...].	Je parle au papier comme je parle au premier que je rencontre (III, 1). J'adjouste, mais je ne corrige pas (III, 9).
Tel mon esprit ou mon corps, lorsque j'écris, telles mes lettres[2].	Comme à faire, à dire aussi je suy tout simplement ma forme naturelle (II, 17, p. 638).

On retrouve surtout d'un auteur à l'autre la même conception du rapport du style à l'être, la clé du style étant pour Montaigne comme pour Lipse l'emphasis : la définition du style que donne Montaigne dans l'essai "Sur des vers de Virgile" correspond en effet à celle que donne Quintilien de l'*emphasis* : "*... emphasis, altiorem intellectum quam quem verba per se ipsa declarant. Eius duae sunt species : altera quae* ***plus significat quam dicit****, altera quae etiam id quod non dicit*[3]."

> [B]Nos gens appellent jugement, langage et beaux mots, les plaines conceptions. Cette peinture est conduitte non tant par dexterité de la main comme pour avoir l'objet plus vifvement empreint en l'ame (...) Plutarque dit qu'il veid le langage latin par les choses ; icy de mesme : le sens esclaire et produict les

1 *Essais*, II, 17, p. 632.

2 "*(Ut) epistolas sub manu nasci debere censeam, & sub acumine ipso styli. Atque adeo bis non scribo, bis vix eas lego (...) ut animus aut corpus meum est cum scribo, ita illae.*" *Epistolarum selectarum centuria prima*, Anvers, C. Plantin, 1586, "Ad lectorem" feuillet non paginé. Sur le rapport entre lettre et essai, voir l'essai 40 du livre I et le commentaire qu'en donne J. Y. Pouilloux dans "'Considération sur Cicéron' : d'un topos à l'incarnation de la pensée", dans *Le Livre I des Essais de Montaigne*, Cahiers *Textuel* n°12, 1993, p. 95-112.

3 Quintilien *Institution Oratoire*, VIII, 3, 83. C'est nous qui soulignons.

parolles ; non plus de vent ains de chair et d'os. [C] *Elles signifient plus qu'elles ne disent*[1].

L'*emphasis* est également au cœur de la conception lipsienne du style il suffit de se reporter aux conseils au lecteur des *Politica* pour s'en convaincre. Tel est le style de l'être, tel est le rapport posé entre les mots et les choses par la poésie de Lucrèce, Virgile et Horace, dit Montaigne dans l'essai cinq du livre III, par son style propre affirme Lipse :

Ipsa illa brevitas, quod imputo, sine tenebris fuit, et ***multa paucis*** *sic dixi ut influant et se diffundant, et vel* ***plura*** *videar dixisse.*[2]

Tous les éléments semblent se correspondre : à la même conception d'une rhétorique du coeur, expression d'une âme enflammée par l'ardeur, la fureur poétique, répond la même façon de placer l'*emphasis* au coeur du style[3] et la même exigence vis-à-vis du lecteur. A la désinvolture de l'"Adieu, donc" de l'avertissement "Au lecteur" des *Essais* répond le même "Adieu" de Juste Lipse :

Je préfère qu'un livre soit manié et remanié plutôt que regardé et touché une seule fois... Mais si tu trouves plus de saveur aux choses banales et vulgaires, adieu mon ami, je ne suis pas une cymbale pour tes oreilles[4].

---

1 *Essais*, III, 5, p. 873. C'est nous qui soulignons. Cf. aussi II, 37, p. 778 : "Les poètes disent tout ce qu'ils veulent avec plus d'emphase et de grace."

2 Cité par Ch. Mouchel, *op. cit.*, p. 509, n. 1. C'est nous qui soulignons. Cf. la lettre 28 de la troisième centurie, "Ad Belgas".

3 C'est aussi sur cette question de l'*emphasis* que l'on peut voir comment se fait la ligne de partage entre Juste Lipse et Montaigne, d'une part, pour qui le modèle de l'*emphasis* est principalement antique (même si pour Montaigne il est surtout poétique, virgilien ou lucrécien, pour Juste Lipse sénéquien) et d'autre part Erasme et dans sa lignée Calvin, pour qui le modèle de l'*emphasis*, de ce qui a une *tacitam vim* est biblique voir sur ce point J. Chomarat, *op. cit*, T. II, p. 803 et s. et Olivier Millet, *op. cit.*, p. 379 et s.

4 "Ad lectorem" in *Cornelii Taciti opera quae exstant, Iustus Lipsius postremus recensuit...* Anvers, ex officina plantiniana, apud Ioannem

Néanmoins les affinités entre nos deux auteurs semblent s'arrêter là. Quand Juste Lipse, dans le sillage de Sénèque et de la rhétorique stoïcienne[1], pose en priorité le rapport au vrai, à la vérité, fait de l'*optimus stylus* l'expression de l'enthousiasme d'une grande âme habitée par la vérité[2], dans la lignée du traité *Du Sublime*[3], Montaigne lui rompt cette relation de l'enthousiasme, et du style "emphatique" à la grandeur et à la vérité. Si elle demeure chez les poètes ce n'est qu'à l'horizon lointain d'une origine perdue, celle de "l'originel langage des Dieux" dont les poètes (philosophes) que nous connaissons ne gardent que l'éclat, le reflet parfois non plus la lumière première. C'est bien pourquoi Lipse écrit des lettres comme Sénèque, et Montaigne des essais, c'est bien pourquoi chez les uns domine la seconde personne, chez l'autre la première. Lipse dit avoir converti ses Muses de la philologie à la philosophie[4], Montaigne aurait plutôt converti les siennes (les "doctes

---

Moretum 1607, feuillet non paginé : ... *tractari malo, quam semel adspici et tangi (...) Aut si magis protrita tibi sapiunt & vulgata : abi mi homo, non ego cymbalum ad tuas aures.* Traduction de C. Mouchel *op. cit.* p. 468.

1 Voir sur ce point l'étude de Victor Goldschmidt " Logique et Rhétorique chez les Stoïciens" in *La théorie de l'argumentation, perspectives et applications, en hommage à C. Perelman*, Louvain-Paris, Nauwelaerts, 1963, p. 450-6.

2 Voir en particulier *Manuductio*, I, 18 et l'épître 80 de la troisième centurie des *Epistolarum Selectarum.*

3 Cf. par exemple *Du Sublime*, I, 4 : "Ce n'est pas à la persuasion que le sublime mène l'auditeur, mais au ravissement" (trad. H. Lebègue, *Du Sublime*, Paris, Les Belles Lettres, 1965, p. 3) et l'épître 16 de la première centurie "Ad Belgas" où il s'agit toujours de Sénèque : "*Magnus vir est, nec suadet, nec ingerit optima : et impellit ad ea, non ducit, quis ubique ardor, et quam e pectore verba.*" *(Epistolarum selectarum centuria singularis ad Germanos & Gallos, centuriae ad Belgas, centuria miscellanea, op. cit.*, p. 15 des *centuriae ad Belgas*).

4 Epître 84 de la Centuria IX posthume des *Epistolarum selectarum : "Ego ad sapientiam... Musas converti ; ego e philologia philosophiam feci."* (cité par Ch. Mouchel, *op. cit.* p. 488).

vierges" consacrées d'abord à l'*otium* philosophique par l'inscription inaugurale de la librairie) de la philosophie à la poésie[1].

C'est bien pourquoi une conception du style apparemment si proche peut prendre des formes tout à fait différentes : si chez Montaigne le rythme, la sonorité, le mouvement de la phrase sont si sensibles, et si évidemment sensibles ce n'est pas seulement parce que, comme le redécouvre, après saint Augustin et Sénèque, Puteanus, un disciple de Lipse, la rhétorique du coeur retrouve spontanément, comme naturellement, le sens des figures[2], c'est surtout parce que la prose de Montaigne établit un tout autre rapport du langage à l'être et au vrai ; elle ne produit pas tant spontanément, par sa force propre — parce qu'elle est style de l'être, style quasi-oraculaire — balancements, antithèses, rythmes et rimes qu'elle n'est une prose qui ne devient poésie qu'en se rendant sensible, sensible à l'oreille autant qu'au coeur. On est donc aussi loin du style cicéronien, de l'adaptation du style à une pensée préexistante que du style sénéquien, tel que le comprend Juste Lipse, expression de l'être, "style d'une âme libérée de l'erreur et des vraisemblances"[3]. Si l'on revient après ce long détour au traité d'Estienne, on est mieux à même d'analyser cette conversion d'un langage poétique mis au service de la philosophie à un

1 Voir plus haut l'analyse du chapitre II, 12.

2 Sur ce point, voir les analyses de C. Mouchel, *op. cit.*, p. 583 et s.

3 Pour reprendre à nouveau une expression de C. Mouchel *op. cit.*, p. 668. Cf. *supra* : "La philosophie élève non seulement l'âme mais le style et Lipse [y] voit une des sources de la *brevitas* stoïcienne [...] c'est le discours d'une âme noble et sublime, qui méprise désormais les fastes de l'apparence [...] la brièveté révèle en même temps la modestie et la magnanimité de celui qui comprend la sagesse et les œuvres de la providence. Le sage livre dans ses sentences ce qui a désormais pour lui force d'évidence et ne souffre plus de démonstration : évidence et transcendance sont une nouvelle manière de justifier l'emphasis."

langage philosophique reconverti à la poésie, à une poésie du cœur, des passions.

III - rythme, ponctuation, émotion

Une autre caractéristique du style de Sénèque soulignée par H. Estienne est la large place faite aux impératifs, aux interrogations et aux exclamations

> *Praeterquam autem quod membratim incisimque loquitur (...) alia etiam habet in sua orationis structura quae lectorem observare operae pretium est. Praecipuum est autem istud, de quo eum monebo. Meminerit igitur esse frequentem Senecae et istam orationis structuram, cui adhibetur certus quidam imperativi usus, qui magis poeticus quam oratorius est*[1].

Et de citer un passage d'Horace où l'on retrouve ce même usage de l'impératif. Aussitôt après, Estienne souligne la prédilection sénéquienne pour la forme interrogative : "*Gaudet interrogatione oratio Senecae, et praesertim interrogativa particula quid*[2]." Si le premier chapitre ne fait que mettre en lumière les traits saillants du style sénéquien, les chapitres suivants en analysent la portée. Ainsi le chapitre V met-il en lumière le caractère mimétique de l'expression de Sénèque. H. Estienne donne une série d'exemples où sont rendus divers sentiments comme la colère, l'indignation, non sans introduire parfois de subtiles nuances. C'est ainsi qu'il commente cette phrase de Sénèque, "*Sed quam fero, sed post quot labores.*" :

> *Legi etiam interrogative : quibusdam vero placere ut sint admirative dicta : sed indignantis exclamationem esse potius dico*[3].

---

1 *Ad Senecae lectionem Proodopoeia, op. cit.* II, 1, p. 80 : "Outre le fait que son style est rompu et coupé (...) il est d'autres caractéristiques de sa manière de s'exprimer qu'il sera utile au lecteur de prendre en considération. Je veux surtout attirer son attention sur un point. Qu'il se souvienne que Sénèque use souvent de l'impératif d'une manière beaucoup plus propre aux poètes qu'aux prosateurs."

2 *Ibid.*, p. 84.

3 *Ibid.*, livre II, chapitre 5 ("De mimetica orationis forma, quae saepe apud Senecam occurit"), p. 153.

Or tous ces éléments sont également caractéristiques de la prose de Montaigne. Il suffit de parcourir l'"Apologie de Raymond Sebon" pour retrouver cette alternance de tournures interrogatives, exclamatives, impératives, mimant tour à tour la joie[1], l'étonnement[2], l'indignation[3] ou même la colère véhémente[4]. Or là encore, la prose de Montaigne redonne à ces procédés toute leur force, leur sens et leur pouvoir en les réinventant à la source des poètes latins[5]. Ainsi le subjonctif d'ordre naît-il d'emblée de l'impératif latin dans un jeu d'échange et de chiasme :

> ... de façon que nous serons sur les termes de dire à noz parties,
> *Si melius quid habes, accerse, vel imperium fer*[6] ;
> qu'ils souffrent la force de noz preuves, ou qu'ils nous en facent voir ailleurs, et sur quelque autre sujet, de mieux tissues et mieux estofées.

Ainsi deux pages plus loin, l'exclamation latine anticipe-t-elle sur l'interrogation française :

> *quantaque quam parvi faciant discrimina motus* :

---

1 *Essais*, II, 12, p. 579 : "O Dieu! Quelle obligation n'avons nous à la benignité de nostre souverain createur pour avoir desniaisé nostre creance de ces vagabondes et arbitraires devotions et l'avoir logée sur l'eternelle base de sa saincte parolle!"

2 *Ibid.*, p. 464 : "Commant pouvoit on avoir faict concevoir à ce chien que c'estoit sa charge de regarder seulement à la seurté de son maistre et mespriser ses propres commoditez pour le servir?"

3 *Ibid.*, p. 579 :"Que nous dira donc en cette necessité la philosophie? Que nous suyvons les loix de nostre pays? c'est à dire cette mer flotante des opinions d'un peuple ou d'un Prince, qui me peindront la justice d'autant de couleurs et la reformeront en autant de visages qu'il y aura en eux de changemens de passion?"

4 *Ibid.*, p. 446 : "Hommes bien miserables et escervellez, qui taschent d'estre pires qu'ils ne peuvent!"

5 Nous ne prétendons pas ici que toute formule interrogative, impérative ou exclamative participe d'une telle démarche, mais qu'il arrive qu'il en soit ainsi.

6 *Ibid.*, p. 448 : "Si vous avez de meilleurs arguments, produisez-les, sinon, soumettez-vous."

> *Tantum est hoc regnum, quod regibus imperat ipsis*[1] !
> [...] si nous tenons de la distribution du ciel cette part de raison que nous avons, comment nous pourra elle esgaler à luy ? commant soub-mettre à nostre science son essence et ses conditions ?

Ailleurs la prose de Montaigne rend l'interrogation indirecte latine à la virulence de la question directe :

> Ces gens icy, qui trouvent les raisons de Sebond trop foibles, qui n'ignorent rien, qui gouvernent le monde, qui sçavent tout,
> *Quae mare compescant causae ; quid temperet annum ;*
> *Stellae sponte sua jussaeve vagentur et errent* [...][2]
> n'ont ils pas quelquesfois sondé, parmy leurs livres, les difficultez qui se presentent à cognoistre leur estre propre ?

La grande prosopopée de la nature qui achève l'essai "Que philosopher c'est apprendre à mourir" repose de même essentiellement sur cet échange des interrogations, des impératifs, des exclamations de la prose aux vers.

Caractéristique aussi de cette communication du mouvement de la surprise, de l'indignation, de l'exhortation, de ces effets de rupture introduits par les vers et repris par la prose est le chapitre "Sur des vers de Virgile". Ainsi exclamation et question viennent-elles interrompre et animer de leur mouvement la sinuosité d'une longue phrase analytique :

> Et, considerant maintesfois la ridicule titillation de ce plaisir, les absurdes mouvemens escervelez et estourdis dequoy il agite Zenon et Cratippus(...) [C] Et qu'on aye logé peslemesle nos delices et nos ordures ensemble, [B] Et que la supreme volupte aye du transy et du plaintif comme la douleur, je crois qu'[C] il est vrai ce que dict Platon que l'homme est le jouet des Dieux,
> [B]*quænam ista jocandi*
> *Saevitia*[3] !

---

1 *Ibid.*, p. 451 : "Combien sont grands les effets produits par les moindres mouvements, tant est grande cette puissance qui commande aux rois eux-mêmes." (Manilius)

2 *Ibid.*, p. 538 : "Ce qui maîtrise la mer, ce qui règle l'année ; si les étoiles ont leurs mouvements propres ou obéissent dans leur course à une force étrangère." (Horace *Epîtres*)

3 III, 5, EP, pl. 796, V. p. 877 : "cruelle maniere de se jouer!" (Claudien)

> (...) Le plus contemplatif et prudent homme, quand je l'imagine en cette assiette, je le tiens pour un affronteur de faire le prudent et le contemplatif : Ce sont les pieds du paon qui abbatent son orgueil :
>
> *ridentem dicere verum*
> *Quid vetat*[1] *?*

Les phrases qui précèdent les vers annoncent leur rupture, introduisent leur cadence, l'une heptasyllabique, l'autre alexandrine, dans le mouvement même où les vers condensent, rendent sensible le point de vue personnel, dessiné peu à peu par la prose ("je crois", "je le tiens"). Tout joue ici sur la mise en lumière de la dualité du sentiment : du soupir au rire (de la *saevitia* déplorée au *ridentem dicere*) face à la dualité des phénomènes observés, ordures et delices, volupté et douleur, folie et sagesse, hommes et bêtes, d'où le retour et l'échange perpétuel de la prose aux vers, de l'affirmation à la question ou à l'exclamation, de l'amusement à l'étonnement. Plus loin, c'est à nouveau la rupture du vers qui réintroduit émotion et sentiment dans un discours général et sentencieux :

> Nous ne sommes ingenieux qu'à nous mal mener : C'est le vray gibbier de la force de nostre esprit, [C] dangereux util en desreglement.
>
> [B] *O miseri ! quorum gaudia crimen habent*[2].

L'exclamation se poursuit en apostrophes et en questions, de même que se poursuivent en échos, rythmes et cadences poétiques, soutenus par l'anaphore et l'anadiplose, les allitérations et homéotéleutes :

> Hé ! pauvre homme, / tu as assez d'incommoditez necessaires / sans les augmenter par ton invention / : Et és assez miserable de

---

1 *Ibid.* : "Qu'est-ce qui empêche de dire la vérité en riant?" (Horace *Sermones*)

2 *Ibid.*, EP, pl. 798, V. p. 879 : "O malheureux, qui s'accusent de leurs joies!" (Pseudo-Gallus). Cf. aussi pour le jeu d'échos des questions et des exclamations des vers à la prose, et de retour du général au personnel p. 861.

> condition / sans l'estre par art (...) [C] Trouves-tu que tu sois trop à ton aise / si ton aise ne te vient à desplaisir ?

Mais le chapitre le plus exemplaire de cette écriture "mimétique" qui traduit les mouvements divers des émotions et des passions et les retrouve à la source des poètes pour mieux les communiquer au lecteur, "comme l'aymant qui non seulement attire un'aiguille mais infond encores en icelle la faculté d'en attirer d'autres" est sans doute l'essai "De la Vanité".

> Ceux qui, en m'oyant dire mon insuffisance aux occupations du mesnage, vont me soufflant aux oreilles que c'est desdain, et que je laisse de sçavoir les intrumens du labourage, ses saisons, son ordre (...) pour avoir à cueur quelque plus haute science, ils me font mourir. /Cela c'est sottise/ et plustost bestise/ que gloire. Je m'aimerois mieux/ bon escuyer/ que bon logitien :
>
> *Quin tu aliquid saltem potius quorum indiget usus,*
> *Viminibus mollique paras detexere junco*[1] ?

Au faux dialogue qui ne laisse aucune place à la question, mais seulement aux pièges de l'affirmation, les vers, déjà annoncés par les cadences avant-coureuses des deux brèves phrases en asyndète, apportent une salutaire échappatoire. Tel est en effet l'enjeu essentiel comme le souligne bien la suite :

> [C] Nous empeschons noz pensées du general et des causes et conduittes universelles, qui se conduisent tresbien sans nous, et laissons en arrière nostre faict et Michel, qui nous touche encore de plus pres que l'homme. [B] Or j'arreste bien chez moy le plus ordinairement, mais je voudrois m'y plaire plus qu'ailleurs.
>
> *Sit meae sedes utinam senectae,*
> *Sit modus lasso maris, et viarum*
> *Militiaeque*[2].

---

1 *Essais,* III, 9, p. 952 : "Pourquoi ne pas t'occuper plutôt de quelque chose d'utile? A tresser des corbeilles avec de l'osier ou de souples joncs" (Virgile, *Bucoliques*)

2 *Ibid.* : "Puissé-je y passer ma vieillesse! fatigué de tant de voyages par terre et par mer et de la vie militaire, puissé-je y trouver le repos!" (Horace, *Odes*).

> Je ne sçay /si j'en viendray à bout. / Je voudrois/ qu'au lieu de quelque autre piece de sa succession, mon pere m'eust resigné cette passionnée amour qu'en ses vieux ans il portoit à son mesnage.

De l'irréel du présent d'un voeu que tout le chapitre dénie au potentiel latin, d'une anaphore à une autre, d'un rythme à un autre, se dit ce qu'affirme hautement, l'ajout [C] intercalé entre les deux citations, le primat du point de vue particulier et personnel. C'est en effet le je que l'asyndète à chaque fois met en valeur ("je m'aimerois mieux, je ne sçay, je voudrois..."), c'est l'expression lyrique qui, des *Eglogues* aux *Odes*, est revendiquée "contre les pensées du général et des causes et conduittes universelles". Et Montaigne joue des *Bucoliques* contre les *Géorgiques*, comme de l'ode contre l'épopée (*lasso maris et viarum/ Militiaeque*) dans la meilleure tradition lyrique latine tout en jouant en même temps du décalage avec cette tradition de la nostalgie d'un âge d'or perdu comme il le fait à nouveau quelques pages plus loin pour revenir du monologue au dialogue :

> *Me si fata meis paterentur ducere vitam*
> *Auspiciis,*
> je choisirois à la passer le cul sur la selle
> *visere gestiens*
> *Qua parte debacchentur ignes* [...]
> Avez-vous pas des passe-temps plus aysez ? Dequoy avez-vous faute[1] ?

Cette fois c'est de la prose aux vers que se communique le mouvement de la question en même temps que se superposent et s'échangent les images :

> Y a il quelque pensée locale qui vous ulcere, extraordinaire, indigestible ?
> *Quae te nunc coquat et vexet sub pectore fixa ?*

1 *Ibid.*, p. 987.

Et cette interférence de la prose et des vers est mise au service au fur et à mesure du chapitre d'un dialogue de Montaigne avec lui-même, du constat avec l'exhortation :

> Je me sens fumer en l'ame par fois aucunes tentations vers l'ambition ; mais je me bande et obstine au contraire :
> *At tu, Catulle, obstinatus obdura*[1].

de l'interrogation avec l'assertion :

> *Quo diversus abis*[2] ?
> Cette farcisseure est un peu hors de mon theme.

dans un mouvement qui introduit de façon exemplaire le morceau sur la prose poétique[3].

La "scansion"[4] du texte, le style coupé parce que rythmé, nous apparaît donc indissociable de cette diction émotive que

1 *Ibid.*, p. 992 : "Mais toi, Catulle, persévère dans ton obstination." (Catulle)

2 *Ibid.*, p. 994 : "Où vas-tu t'égarer?" (Virgile, *Enéide*)

3 Qui est suivi lui-même d'une évocation de l'ailleurs et de l'autrefois, de Rome et des morts, où il n'est plus besoin d'autre mouvement pour communiquer l'émotion que celui des échos sonores et d'un rythme qui fait alterner élans et retombées comme pour accompagner le retour permanent du elle ou du ils au je, de la distance à son absence : "I'ay veu ailleurs des maisons ruynées/, & des statues/, & du ci*e*l, / & de la t*e*rre/ : ce sont tousjours des hommes/. Tout cela est vr*ay* : / et si pourt*ant*/ ne sçauroy revoir si souv*ent* le tombeau /, de cette v*ill*e/ : si gr*an*de /, et si puiss*an*te/, que ie ne l'admire et rev*e*re. / Le soing des morts nous est en recommandation/. Or i'ay esté nourry/ dès mon enf*ance*/, avec ceux ic*y*.". A partir de là la phrase s'élargit pour un parallèle entre l'ici et l'ailleurs, Rome et céans dans un beau decrescendo : "I'ay eu connoissance des affaires de Romme/, longtemps avant que ie l'aye eue de ceux de ma maison/ : Ie sçavois le Capitole et son plant/, avant que ie sceusse le Louvre/ : & le Tibre avant la Seine. ", jusqu'à ce que les héros disparus de la Rome antique et le père perdu se confondent dans la mort et le souvenir : "Il sont trespassez/ : si bien est mon pere/, aussi entierement qu'eux..." EP, pl. 907.

4 Nous n'employons pas du tout ce terme dans le sens qu'on lui donne dans l'analyse de la prosodie grecque et latine mais au sens où l'emploie A. Tournon quand il parle des "majuscules de scansion" ajoutées par Montaigne sur l'exemplaire de Bordeaux.

marquent les relances interrogatives, injonctives, impératives dans le texte. Or il suffit de comparer une lettre de Sénèque et un essai de Montaigne pour saisir la portée et la valeur que prennent chez ce dernier les moyens stylistiques relevés par H. Estienne comme caractéristiques de l'écriture de Sénèque et de ses affinités avec la poésie. On peut ainsi relire en regard certains passages de l'essai "De la solitude" et de la lettre XXVIII des *Lettres à Lucilius*. Chez Sénèque les exclamations, interrogations, les effets de rythme restent mis au service d'un discours de la persuasion. Le tu domine largement les *Lettres à Lucilius*, alors que le je semble l'emporter chez Montaigne. Là où Sénèque dit tu : *Quid miraris nihil tibi peregrinationes prodesse, cum te circumferas*[1] *?*, Montaigne lui revient du tu de Perse au nous :

> *Rupi jam vincula dicas* (...)
> Nous emportons nos fers quand et nous[2].

Là où Sénèque cite Virgile pour illustrer son propos et mieux caractériser Lucilius :

> *Talem nunc esse habitum tuum cogita, qualem Virgilius noster vatis inducit...*
> *Bacchatur vates, magnum si pectore possit*
> *Excussisse deum*
> *Vadis huc illuc, ut excutias insidens pondus*[3].

Montaigne cite Perse puis Horace pour revenir progressivement à la première personne :

> Les natures plus roides et plus fortes facent leur cachette mesmes glorieuse et exemplaire
> *tuta et parvula laudo,*
> *Cum res deficiunt* [...]

1 *Lettres A Lucilius*, 28, 2 : "Pourquoi t'étonnes-tu de ce que tes voyages ne te soulagent en rien, alors que tu t'emmènes partout?"

2 *Essais*, I, 39, p. 240.

3 Sénèque, *op. cit.*, 28, 3.

> Il y a pour moy assez affaire sans aller si avant. Il me suffit, sous la faveur de la fortune, me preparer à sa defaveur, et me representer, estant à mon aise, le mal advenir, autant que l'imagination y peut attaindre[1].

Quand Sénèque interroge Lucilius, Montaigne use de la concurrence de la prose et des vers pour s'interroger lui-même :

> L'ambition, l'avarice, l'irresolution, la peur et les concupiscences ne nous abandonnent point pour changer de contrée,
>
> *Et post equitem sedet atra cura.*
>
> Elles nous suivent souvent jusques dans les cloistres et dans les escoles de philosophie. Ny les desers, ny les rochers creusez, ny la here, ny les jeunes ne nous en démeslent :
>
> *haeret lateri letalis arundo.*
>
> On disoit à Socrates que quelqu'un ne s'estoit aucunement amendé en son voyage : Je croy bien, dit-il, il s'estoit emporté avecques soy.
>
> *Quid terras alio calentes*
> *Sole mutamus...*[2] ?

Cette interférence de la prose et des vers donne mouvement au texte, lui impose ses ruptures, ses scansions rythmiques en même temps que sa multiplication des instances personnelles jusqu'au point où le je s'interroge lui-même sur le discours qu'il tient, sur le paradoxe qu'il y a à faire de la solitude un lieu d'audience, dans un dédoublement des instances du discours qui adresse les questions de Perse à Montaigne en même temps qu'à Pline et Cicéron :

> Or, quant à la fin que Pline et Ciceron nous proposent, de la gloire, c'est bien loing de mon compte(...)
>
> *Tun 'Vetule, auriculis alienis colligis escas ?*[3]

---

1 *Essais*, I, 39, p. 243, les vers sont empruntés aux *Epîtres* d'Horace : "Quand la fortune fait défaut, je vante un tout petit avoir et sa sécurité."

2 *Ibid.*, p. 239.

3 *Ibid.*, p. 246-7 : "Vieux radoteur, ne travailles-tu donc que pour amuser les oreilles des autres?" cf. p. 244 : "*Usque adeo ne! Scire tuum nihil est, nisi te scire hoc sciat alter?*"

De même à la fin de l'essai il ne revient au vous qu'en cédant la parole au discours de Sénèque lui-même, dans un développement dogmatique scandé par les impératifs et que nul vers ne vient plus interrompre, que tout oppose à la page précédente où le je s'exprimait au revers des anaphores impersonnelles des “il faut” et au détour des vers, dans un échange des rythmes et des instances personnelles :

> Au menage, à l'estude, à la chasse et tout autre exercice, il faut donner jusques aux dernieres limites du plaisir (...) il faut reserver d'embesoignement et d'occupation autant seulement qu'il en est besoing pour nous tenir en haleine (...) Il y a des sciences steriles et epineuses (...) Il les faut laisser à ceux qui sont au service du monde. Je n'ayme pour moy/, que des livres ou plaisans et faciles/, qui me chatouillent, / ou ceux qui me consolent et conseillent/ à regler ma vie et ma mort/
>
> *tacitum sylvas inter reptare salubres*
> *Curantem quidquid dignum sapiente bonoque est*[1].
>
> (...)Il faut retenir à tout nos dents et nos griffes/ l'usage des plaisirs de la vie, / que nos ans nous arrachent des poingts/ les uns apres les autres :
>
> *[B] carpamus dulcia ; nostrum est*
> *Quod vivis : cinis et manes et fabula fies*[2].

L'enjeu dans les *Essais* n'est plus le même que dans les *Lettres à Lucilius*. La prose de Sénèque a recours aux procédés du *poeticus decor*, pour reprendre l'expression du *Dialogue des Orateurs*, aux ressources du rythme, d'une scansion émotive, exclamative, interrogative autant qu'aux métaphores pour convaincre, alors que celle de Montaigne sait glisser d'un registre à l'autre et user du rythme, comme du mouvement que donnent aux poèmes les interrogations, les exclamations ou les

---

1 *Ibid.*, p. 246 : “Me promenant silencieusement dans les bois salubres, et m'occupant des questions qui sont dignes d'intéresser un sage et un homme de bien.” (Horace, *Epîtres*)

2 *Ibid.* : “Cueillons les plaisirs de l'existence nous n'avons à nous que le temps de nostre vie ; un jour tu ne seras que cendre, ombre, un vain mot.” (Perse)

conjonctions pour communiquer une émotion. On pourrait retrouver la même affinité et la même distance entre les textes de Sénèque et de Montaigne dans beaucoup d'autres passages des *Essais*, dans l'essai "Que philosopher c'est apprendre à mourir" par exemple, où le contrepoint de la prose et des vers ne rend pas seulement l'affirmation au jeu des questions ou de l'exclamation mais aussi l'impersonnel au personnel, autant que le tu au je : car le dédoublement du texte passe par un dédoublement du je : on revient ainsi d'un simple jeu de questions-réponses à la Sénèque, où domine entièrement la deuxième personne, mais une deuxième personne qui n'est déjà autre que le double de la première,

> D'avantage, pauvre fol que tu es, qui t'as estably les termes de ta vie ? Tu te fondes sur les contes des Medecins. Regarde plustost l'effect et l'experience [...] Tu as passé les termes accoustumez de vivre[1].

à un dialogue des instances personnelles,

> Qu'import'il, me direz-vous, comment que ce soit, pourveu qu'on ne s'en donne point de peine ? Je suis de cet advis...[2]

à un retour du nous au je, du précepte tout droit issu de Sénèque à la confidence :

> N'ayons rien si souvent en la teste que la mort [...] Il est incertain où la mort nous attende, attendons la par tout [...] Je suis de moy-mesme non melancholique, mais songecreux. Il n'est rien dequoy je me soye des tousjours plus entretenu que des imaginations de la mort : voire en la saison la plus licentieuse de mon aage,
>
> [B] *Jucundum cum aetas florida ver ageret*[3].
>
> [A] parmy les dames et les jeux...[4]

1 *Essais*, I, 20, p. 84.

2 *Ibid.*, p. 85.

3 *Ibid.*, p. 87 : "Quand mon âge dans sa fleur jouissait de son printemps." (Catulle).

4 *Ibid.*, p. 86-7.

La scansion brève, le rythme coupé passent ici dès 1588 par l'interférence de la prose et des vers qui fonde dans l'exemplaire de Bordeaux celle des instances personnelles et des modes interrogatifs, assertatifs, exclamatifs ou injonctifs :

> Il faut estre tousjours boté et prest à partir, en tant qu'en nous est, et sur tout se garder qu'on aye lors affaire qu'à soy :
> [B] *Quid brevi fortes jaculamur aevo*
> *Multa*[1] *?*
> [A] Car nous y aurons assez de besongne, sans autre surcroit (...) [C]Je **suis** pour cette heure en **tel** estat, / **D**ieu mercy, / que je **puis** **d**esloger **qu**and il **luy** plaira, / sans re**gret** de chose **qu**elcon**que**, / si ce n'**est de** la **vie**, / si sa **p**erte vient à me **poi**ser/. Je me **desnoue** par **tout** ; / mes **ad**ieux sont à **d**emi **prins**/ de chacun, / sauf de **moy**. / Jamais homme ne se **prep**ara/ à quiter le monde **plus** **p**ure**ment** et **p**leine**ment**, / et ne s'en des**p**rint **plus** universelleme**nt**/ que je m'atte**n**s de faire.
> [B] *Miser ô miser, aiunt, omnia ademit*
> *Una dies infesta mihi tot praemia vitae*[2].
> (...) Nous sommes nés pour agir :
> *Cum moriar, medium solvar et inter opus*[3].
> Je veux **qu'on** agisse, / [C] et **qu'on** allon**ge**/ les off**ic**es de la **vie**/ tant **qu'on** peut/ [A] **et que** la **mort**/ me treuve **pla**n**ta**n**t** mes chous, / mais nonchala**nt** d'elle, / et en**core** plus/ de mon jardin imparfait/.

On revient ainsi dorénavant dans l'élan des citations poétiques, de leur ponctuation et de leur expression lyriques, de l'intelligible au sensible, du raisonnement sur la mort au sentiment de la mort, du "il faut" au "je suis" en revenant du rythme régulier des sentences au rythme irrégulièrement coupé, systématiquement souligné par les sonorités[4], de l'expression

1 *Ibid.*, p. 88 : "Pourquoi dans une vie si courte cette ardeur à former tant de projets?" (Horace *Odes*)

2 *Ibid.*, p. 89 : "Malheureux, oh, malheureux que je suis, un seul jour néfaste m'enlève tous les biens de la vie!" (Lucrèce)

3 *Ibid.* : "Je veux que la mort me surprenne au milieu de mon travail." (Ovide *Amores*)

4 Nous avons ici souligné ici en caractères gras les allitérations et assonances. Voir par exemple dans le premier passage [C] comment l'écho des

personnelle comme si se confirmait d'ajout poétique en ajout prosaïque une démarche.

On pourrait faire la même analyse pour la fin du chapitre XXVIII. Toute l'évolution du chapitre est faite de ce retour du général au particulier, des réflexions sur l'amitié à l'expérience d'une amitié unique : le rythme devient irrégulier, coupé avec l'apparition de l'émotion, dans un mouvement qui oscille sans cesse de la syntaxe à la parataxe, de l'analyse ou du récit à l'expression du sentiment :

> En l'amitié de quoy je parle, elles se meslent et se confondent l'une en l'autre, d'un melange si universel, qu'elles effacent et ne retrouvent plus la couture qui les a jointes. Si on me presse de dire pourquoy je l'aymois je sens que cela ne se peut exprimer, [C]qu'en respondant (4) Par ce que c'estoit luy;/ par ce que c'estoit moy (12) [A] Il y a, au delà de tout mon discours, et de ce que j'en puis dire particulierement, ne sçay quelle force inexplicable et fatale, mediatrice de cette union. [C] Nous nous cherchions avant que de nous estre veus (12)[1].

La suite du texte prolonge cette oscillation. Les exemples et les "discours mesmes que l'antiquité nous a laissé sur ce subject" ne ressurgissent que pour être opposés au "sentiment que j'en ay"[2], sentiment entièrement modulé à la fin du texte sur le double mode des vers et de la prose qui en épouse la scansion, en prolonge l'émotion. Toute la fin du chapitre "De l'amitié" est en effet fuguée sur cinq citations poétiques envahissant progressivement la prose qui s'amenuise à mesure que l'expression du moi s'épanouit, que le lyrisme s'approfondit : de l'hommage rendu au jour de sa mort à celui rendu à un il-"ille" encore lointain puis à la moitié de son âme

---

dentales (tel, Dieu, desloger), des gutturales (que, quand, regret, quelconque) puis des labiales (pertes, poiser) et à nouveau des dentales (desnoue, partout, adieux, demy) dessine ou souligne les unités rythmiques sur la basse continue des nasales.

1 *Essais*, I, 28, p. 188.

2 *Ibid.*, p. 192.

jusqu'au tu invoqué par l'apostrophe, rendu au dialogue par la question :

> Depuis le iour que ie le perdy,
>
> *quem semper acerbum,*
>
> *Semper honoratum (sic, Dii, voluistis) habebo*[1],
>
> ie ne fay / que trainer / languissant / : Et les plaisirs mesmes qui s'offrent à moy /, au lieu de me consoler / me redoublent le regret de sa perte. / Nous estions à moitié de tout : / il me semble que ie luy desrobe sa part,
>
> *Nec fas esse ulla me voluptate hic frui*
>
> *Decrevi, tantisper dum ille abest meus particeps*[2].

Et la prose se fractionne à mesure que se dit ce fractionnement de l'être, jusqu'à ce que l'expression même du manque, enfin directe, le réunisse :

> l'estois desja si fait et accoustumé / à estre deuxiesme par tout, / qu'il me sem/ble n'estre plus/ qu'a demy.
>
> [B] *Illam meae si partem animae tulit*
>
> *Maturior vis, quid moror altera...*[3] ?
>
> [A] Il n'est action ou imagination, / où je ne le trouve à dire : / comme si eut-il bien faict à moy/ : Car, de mesme qu'il me surpassoit d'une distance infinie en toute autre suffisance et vertu, aussi faisoit-il au devoir de l'amitié
>
> *O misero frater adempte mihi ! (...)*
>
> *Alloquar ? audiero numquam tua verba loquentem ?*
>
> *Numquam ego te, vita frater amabilior*
>
> *Aspiciam posthac ? At certe semper amabo*[4].

On revient en effet de l'amour d'Enée pour son père à celui du père pour le fils, à celui d'Horace pour son protecteur et

---

1 *Ibid.*, p. 193 : "Que je ne cesserai jamais de tenir pour cruel et jamais d'honorer (telle a été votre volonté, ô Dieux)." (*Enéide*, Virgile)

2 *Ibid.* : "Et j'ai résolu que je n'avais plus le droit de prendre aucun plaisir, n'ayant plus celui qui partageait ma vie." (*Héautontimoroumenos*, Térence). Cf pour la ponctuation, EP, pl. 149.

3 *Ibid.* : "Puisqu'un coup prématuré m'a ravi cette moitié de mon âme, pourquoi moi, l'autre moitié, demeurerai-je?" (*Odes*, Horace)

4 *Ibid.* : "O malheureux que je suis mon frère de t'avoir perdu! Ne te parlerai-je plus? N'entendrai-je plus jamais ta voix? Ne te verrai-je plus jamais désormais, frère qui m'étais plus cher que la vie? Du moins je t'aimerai toujours." (Catulle.)

ami, à celui de Catulle pour son frère en revenant de l'affirmation à la question et l'exclamation, de l'exclamation à l'apostrophe et au dialogue. La phrase de prose à chaque fois s'interrompt pour laisser place aux vers qui en fragmentent la linéarité, en prolongent les échos[1], en suppléent les silences. Et c'est ce morcellement du discours prosaïque qui, en le soumettant aux règles de l'expression poétique, à sa fragmentation, lui communique son émotion, dans le mouvement qui convertit le choeur des voix poétiques, épique ou dramatique, de Virgile ou Térence, à la seule expression lyrique, celle même d'Horace ou de Catulle.

Dans le chapitre "De la Vanité", l'interrogation prosaïque se poursuit dans l'interrogation poétique, le rythme brisé traduit l'inquiétude et l'angoisse :

> ... pour nous voir bien piteusement agitez, car que n'avons nous faict ?
>
> *Eheu cicatricum et sceleris pudet,*
> *Fratrumque : quid nos dura refugimus*
> *Aetas ? quid intactum nefasti*
> *Liquimus ? unde manus juventus*
> *Metu Deorum continuit ? quibus*
> *Pepercit aris ?*
>
> je ne vay pas soudain me resolvant :
>
> *ipsa si velit salus,*
> *Servare prorsus non potest hanc familiam*[2].

Si les vers donnent voix au bouleversement, sont l'expression la plus intense de l'angoisse, la prose en prolonge l'écho en

---

1 De "... que je luy desrobe sa part" à *ille particeps*, de "à demy" à *partem animae*...

2 *Essais*, III, 9, p. 959 : "Hélas! nos cicatrices, nos crimes, nos guerres fratricides nous couvrent de honte! enfants d'un siècle barbare, devant quelle atrocité avons-nous reculé? Où n'avons-nous point porté nos attentats? La crainte des dieux a-t-elle jamais retenu la main de notre jeunesse? Quels autels a-t-elle épargnés?" (Horace, *Odes*, I, 35)

"La déesse Salus elle-même, le voulût-elle, serait impuissante à sauver cette famille." (Térence *Adelphes*).

épousant le rythme et le mouvement de l'interrogation ou de la négation. L'essentiel dans cette interférence de la prose et des vers est bien cette communication d'un mouvement, du mouvement d'une émotion traduite par le rythme autant que par la ponctuation lyrique du texte. Là même nous semble en effet se définir le seuil où la prose de Montaigne devient poétique, qu'il y ait ou non passage de la prose aux vers pour en mettre en lumière la dynamique : dans ce glissement, de l'intelligible au sensible, du pensé au senti, dans cette oscillation même d'une scansion brève et irrégulière à un rythme plus lent, comme de la prose elle-même aux vers. La poésie est bouleversement, bouleversée et bouleversante, comme la définit "Du jeune Caton", communication de la fureur, de la passion, des Muses aux poètes et du poète à l'acteur, puis au spectateur ou au lecteur. Et c'est bien le rôle que nous semblent jouer non seulement l'intrusion des vers dans le texte mais le passage d'une "prose prosaïque", d'un *sermo pedestris*, à une prose poétique, "legere, volage, demoniacle".

CHAPITRE II

Fureur et mouvement

I - Mouvement et action

Mouvement et action caractérisent la poésie : tels sont les deux termes par lesquels est défini le poète par excellence, Homère, par l'autorité en matière de définitions, Aristote : "Ses parolles, selon Aristote, sont les seules parolles qui ayent mouvement et action[1]." Montaigne fait ici allusion à un passage du tome III de la *Rhétorique* où Aristote décrit le processus métaphorique par lequel Homère anime l'inanimé. Nous le citerons un peu longuement car il nous paraît essentiel à la compréhension même de ce que veut dire ici Montaigne et de sa conception de la poésie :

> Λέγω δὴ πρὸ ὀμμὰτων ταῦτα ποιεῖν, ὅσα ἐνεργοῦντα σημαίνει (...)Καὶ ὡs κέχρηται πολλαχοῦ "Ομηρος, τὸ τὰ ἄψυχα ἔμψυχα ποιεῖν διὰ τῆs μεταφορᾶs. (...) οἷον ἐν τοῖσδε: "αὖτις ἐπὶ δαπεδόνδε κυλίνδετο λᾶαs ἀναιδήs" (...) 'Εν πᾶσι γὰρ τούτοιs διὰ τὸ ἔμψυχα εἶναι ἐνεργοῦντα φαίνεται, τὸ ἀναισχυνεῖν γὰρ καὶ μαιμᾶν καὶ τὰ ἄλλα ἐνέργεια
>
> Je dis que les mots peignent, quand ils signifient les choses en acte (...) et encore, comme Homère en use en maint endroit, animer les choses inanimées à l'aide d'une métaphore [c'est un acte] ; par exemple dans : "Et derechef, la pierre roula sur le sol, sans honte aucune"(...) En tous ces passages, c'est la vie prêtée à un objet

---

1 *Essais*, II, 36, p. 753. Montaigne connaît peut-être ce passage par Plutarque qui le cite dans le *De Pythiae oraculis* 398 A : Ἀριστοτέλης μὲν οὖν μόνον "Ομηρον ἔλεγε κινούμενα ποιεῖν ὀνοματα διὰ τὴν ἐνέργειαν : Aristote disait qu'Homère seul insufflait aux mots le mouvement de la vie par sa puissance créatrice (trad. Robert Flacelière, in *Dialogues Pythiques*, *Oeuvres Morales* T. VI, Paris, Les Belles Lettres, 1974, p. 56). Mais il semble en connaître trop bien le contexte pour ne pas avoir une connaissance plus complète de la *Rhétorique* (publiée par Alde Manuce dans le Tome I des *Rhetorum Graecorum* en 1508 et dès 1478 dans une traduction latine de G. de Trebizonde, voir J. E. Sandys, *A History of classical scholarship*, Cambridge, 1908, vol. 2, & W. J. Kennedy *Rhetorical norms in Renaissance Litterature*, New Haven and London, Yale University Press, 1978, p. 10).

> inanimé qui signifie l'acte : ne pas avoir honte, éprouver du désir et les autres sentiments, autant d'actes[1].

Si la poésie est mouvement et action — et là encore il faudrait citer Aristote : κινούμενα γὰρ καὶ ζῶντα ποιεῖ πάντα, ἡ δ'ἐνέργεια κίνησις[2]. — c'est bien parce qu'elle est le langage de la communication de l'émotion. Or l'enjeu n'est pas seulement ici la métaphore, quelque déterminant que soit son rôle dans l'écriture de Montaigne[3], quelque essentielles que soient chez lui les métaphores "à pivot verbal", qui peignent avant tout le mouvement, M.-L. Demonet l'a bien montré[4], et quelque important que soit aussi l'échange des métaphores dans le dialogue de la prose et des vers, et en particulier dans les chapitres qui peignent les passions comme "De la tristesse" ou "De la colere"[5]. Le "mouvement et l'action" sont loin de passer seulement pour Montaigne par le processus métaphorique. Montaigne nous semble en effet dans sa conception et sa pratique d'une écriture du mouvement et de l'action articuler deux passages de la *Rhétorique*, superposer le passage que nous venons de citer et le développement qu'Aristote consacre au début du livre III à l'action rhétorique elle-même :

---

1 *Rhétorique* III, 1411b-12 a, texte établi et traduit par M. Dufour et A. Wartelle, Paris, Les Belles Lettres, 1973, p. 67-8.

2 *Ibid.* : "Tous ces mots rendent le mouvement ; or, l'acte, c'est le mouvement."

3 Voir sur ce point outre Sainte-Beuve dans *Port-Royal* (Paris, Gallimard, Bibliothèque de la Pléiade, 1953, T. I, p. 863-5), les études de Thibaudet, *Montaigne*, Paris, Gallimard, 1963, de Phyllis Gracey, *Montaigne et la poésie*, Paris, PUF, 1935, et même de Floyd Gray, *Le style de Montaigne*, Paris, Nizet, 1958, tous critiques pour qui la poésie, chez Montaigne, c'est la métaphore.

4 "La logique de la métaphore" in *Rhétorique de Montaigne*, *op. cit.*, p. 141-154.

5 Voir par exemple l'essai "De la colere", II, 31, p. 714, p. 719-20.

> "Εστιν δὲ αὐτὴ μὲν ἐν τῇ φωνῇ, πῶς αὐτῇ δεῖ χρῆσθαι πρὸς ἕκαστον πάθος, οἷον πότε μεγάλῃ καὶ πότε μικρᾷ καὶ μέσῃ, καὶ πῶς τοῖς τόνοις, οἷον ὀξείᾳ καὶ βαρείᾳ καὶ μέσῃ, καὶ ῥυθμοῖς τίσι πρὸς ἕκαστα.
>
> L'action consiste dans l'usage de la voix, comment il faut s'en servir pour chaque passion, c'est-à-dire quand il faut prendre la forte, la faible et la moyenne, et comment employer les intonations, à savoir, l'aiguë, la grave et la moyenne, et à quels rythmes il faut avoir recours pour chaque sentiment[1].

Montaigne n'écrit pas, comme Aristote, que la poésie homérique est mouvement et action, qu'elle exprime le mouvement de la vie, mais qu'elle a mouvement et action. Elle est ce langage qui exprime certes la passion mais surtout la suscite, comme le dit si bien "Du jeune Caton" : "Et il se void plus clairement aux theatres, que l'inspiration sacrée des muses, ayant premierement agité le poëte à la cholere, au deuil, à la hayne, et hors de soy où elles veulent, frappe encore par le poëte l'acteur et par l'acteur consecutivement tout un peuple"[2]. La poésie est ce langage où non seulement invention et élocution se confondent dans une seule "conception"[3], mais où invention et élocution sont données comme indissociables de l'action, de l'action produite par les "vers d'Horace et de Catulle, chantez d'une voix suffisante par une belle et jeune bouche"[4]. La poésie est presque toujours ainsi analysée en terme de réception par Montaigne :

> Le mot et le ton me blessent. [...] Ainsi nous troublent l'ame les plaintes des fables ; et les regrets de Didon et d'Ariadné passionnent ceux mesmes qui ne les croyent point en Virgile et en Catulle[5].

---

1 Aristote, *Rhétorique* III, 1403b, *op. cit.*, p. 39.

2 *Essais*, I, 37, p. 232.

3 Voir sur ce point les analyses de M. Magnien dans *Rhétorique de Montaigne*, *op. cit.* p. 85-99, en particulier les dernières pages.

4 *Essais*, II, 12, p. 593.

5 *Essais*, III, 4, p. 837. Cf la suite : "Et nulle sagesse ne va si avant de concevoir la cause d'une tristesse si vive et entiere par jugement, qu'elle ne souffre accession par la presence, quand les yeux et les oreilles y ont part..."

Et ce sont bien les plaintes de Didon, d'Ariane, ou d'Enée que Montaigne fait retentir pour exprimer jalousie, angoisse, nostalgie ou crainte[1]. Le célèbre passage du chapitre "Sur des vers de Virgile" consacré à la nature de la poésie est celui qui éclaire peut-être le mieux la fonction et le pouvoir que lui attribue Montaigne dans ses *Essais* : "le sens esclaire et produict les parolles ; non plus de vent ains de chair et d'os..."[2] La poésie a la force de la présence, elle agit sur l'âme en émouvant les sens[3]. L'irruption de la poésie opère toujours en un sens dans le texte de Montaigne un retour d'un ordre à l'autre, des mots aux choses, de l'intellectuel au sensible, de la raison à la passion, en même temps que de l'écrit à l'oral, quelque divers que soient les modes de ce retour même.

Du fait que Montaigne superpose les deux passages d'Aristote pour mieux articuler poésie et parole, invention, élocution et action, on peut trouver maints témoignages. Le passage sur la prose poétique de l'essai "De la Vanité" se poursuit ainsi en ces termes : "Il faut certes luy quitter la maistrise et preeminence en la parlerie". La poésie est parole, flux, flot, "versé" de la bouche du poète. Et son pouvoir est celui même qu'Aristote accorde à l'action, à une action pour

---

1 Voir *Essais*, III, 4, p. 834 ou III, 5, p. 848, pour Didon, III, 9, p. 987 ou III, 12, p. 1061 pour Enée, I, 14, p. 56, I, 18, p. 75 ou III, 5, p. 870 pour Ariane.

2 *Essais*, III, 5 p. 873 cf. p. 849. Et cf. la façon dont l'hommage rendu à Homère se poursuit : "Ses parolles, selon Aristote, sont les seules parolles qui ayent mouvement et action ; ce sont les seuls mots substantiels." (*Essais*, II, 36, p. 753). La poésie est du côté de la nature et c'est d'ailleurs toujours à travers elle que la nature fait irruption dans le texte des *Essais*. Voir sur ce point Floyd Gray, *Montaigne bilingue, le latin des Essais*, Paris, Champion, 1991, p. 70 et s.

3 Elle a cette "energie" dont parle du Bellay dans *la Deffence*. (I, 6). Cf aussi T. Cave, " 'Enargeia' : Erasmus and the Rhetoric of Presence in Sixteenth Century", *L'Esprit Créateur*, XVI, 1976, p. 5-18.

Montaigne non plus rhétorique, mais exclusivement poétique. La poésie agit bien par l'ampleur de sa voix, par son harmonie et par son rythme, selon les critères mêmes définis par Aristote (*Rhétorique*, 1403b) non plus pour convaincre ou "agiter la tourbe", mais pour communiquer, tristesse, deuil ou colère, pour faire "indigner, apayser, ejouyr, douloir, aymer, hayr, admirer, etonner..." le lecteur, sans autre fin que cette communication même[1]. Tels sont bien les critères qui caractérisent les passages où la prose de Montaigne se fait poème, passages que l'on peut décrire en termes d'"action" beaucoup plus nettement qu'en aucun autre terme : sinon la μέγεθος, du moins la modulation de différents registres, le changement de "cordes", et l'ἁρμονία, par le jeu des allitérations et des assonances, et le ῥυθμός dans le sens même où le décrit E.Benvéniste, dans sa belle étude étymologique[2].

Et de même qu'Aristote, au début de la *Poétique* dénie la qualité poétique aux textes qui ont pour seuls critères du poétique le mètre, telle la poésie cosmologique d'Empédocle[3], pour mieux rendre rythme et mélodie à la représentation des passions, vraie caractéristique de la poésie lyrique[4], Montaigne dénie à la versification le critère du poétique dans le chapitre "De l'institution des enfans", nous l'avons vu[5], pour mieux rendre la poésie et ses moyens aux exigences propres de son

1 *La Deffence et Illustration*, II, 11. Et Montaigne, comme Du Bellay, fait ainsi passer à l'ordre du poétique ce qui appartient d'abord en propre à la rhétorique.

2 "La notion de 'rythme' dans son expression linguistique" in *Problèmes de linguistique générale*, Paris, Gallimard, 1966, réédition collection Tel, 1979, T. I, p. 327-35.

3 *Poétique* 1447b.

4 Voir en particulier l'analyse de la lexis comme "composition de mètres" (*Poétique* 1449b), i. e. agencement de valeurs éthiques représentées. Cf sur ce point les analyses de Laurent Jenny, *loc. cit.* p. 185-9.

5 *Essais*, I, 26, p. 170-1.

expressivité : c'est dans le même essai qu'il définit ces moyens par leur effet au moyen d'une comparaison musicale caractéristique, qui associe la voix et les "pieds nombreux" de la poésie :

> Car, [...] tout ainsi que la voix, contrainte dans l'étroit canal d'une trompette, sort plus aiguë et plus forte, ainsi me semble il que la sentence, pressée aux pieds nombreux de la poësie, s'eslance bien plus brusquement et me fiert d'une plus vive secousse[1].

Le critère aristotélicien de distinction du poétique, ainsi compris et analysé dans son action, la mimesis, est le moyen même par lequel le rythme retrouve toute sa valeur : il ne se confond plus avec un simple découpage métrique, mais a une valeur représentative chez Montaigne comme dans toutes les poétiques aristotéliciennes du XVIe siècle. Le commentaire de Robortello à son édition de la *Poétique* est à cet égard exemplaire. Il ne se contente pas de distinguer poétique et rhétorique en faisant de l'imitation l'apanage de la première, de la persuasion l'apanage de la seconde :

> *Dicimus in poetice finem esse sermonem imitantem, sicut in rhetorice sermonem persuadentem*[2].

il explicite les termes aristotéliciens en montrant quels sont les moyens mimétiques propres à chaque genre :

> *Epopœia imitatur sermone, Dithyrambice, legum poiesis, Tragœdia, Comœdia imitantur sermone, rythmo et harmonia, Citharistice, Auletice imitantur harmonia et numero (...) Harmonia*

1 *Ibid*, p. 146.

2 *Francesci Robortelli utinensis in librum Aristotelis de Arte Poetica explicationes*, Florence, 1548, p. 2. Cf. aussi Scaliger *Poetices libri septem*, *op. cit*, I, 1 p. 1 : "*Tota in imitatione sita fuit*" et toute la longue comparaison, II, 1, p. 55 entre poésie et peinture : "*In poesi rythmi, sive numeri*" sont "*figurae, pigmenta dictionum*". Cf la suite du livre II sur les rythmes, les pieds et les nombres et leurs valeurs mimétiques. Cf les analyses de Cl. Balavoine sur le statut particulier de la mimesis chez Scaliger, "La Poétique de J. C. Scaliger, pour une mimesis de l'imaginaire" dans *La Statue et l'Empreinte*, Paris, Vrin, 1986, p. 107-129.

> *et numero utuntur auletice, & citharistice, & lyrice, itidem quae fistulis utitur*[1].

Et ce sont les genres dramatiques (y compris les dithyrambes et les nomes) qui dans cette répartition redeviennent des genres mixtes tandis que les différents genres lyriques, distingués par l'instrument qui les accompagne (la lyre, la flûte, la cithare et même la flûte de Pan pour le genre bucolique), imitent par les seuls rythme et harmonie. Et pour bien confirmer que rythme et harmonie ne se confondent pas avec le mètre, il ajoute un peu plus loin pour paraphraser Aristote *poetas appelari ab imitatione, non a metro*[2].

La question devient bien sûr à partir de là celle de la définition de l'*harmonia* et du *rythmus* qu'il résout lui-même un peu plus loin :

> *Rythmus saltatio ipsa est, quae differt a se ipsa, tum propter tarditatem, tum propter celeritatem motus. Tarditatem et celeritatem demonstrant ipsa metra, sicut spondæus, trochæeus, ex quo satis patet metra esse particulas quasdam rythmi...*[3]

Nous voici donc revenus au mètre qui ne suffit pas à définir la poésie sauf s'il épouse lui-même le mouvement, si c'est le rythme qui lui donne sens. Et nous voici également revenus à la définition du rythme donnée dans les *Lois* de Platon :

> Τῇ δὴ τῆς κινήσεως τάξει ῥυθμὸς ὄνομα εἴη, τῇ δ' αὖ τῆς φωνῆς, τοῦ τ' ὀξέος ἅμα καὶ βαρέος συγκεραννυμένων, ἁρμονία ὄνομα προσαγορεύοιτο[4].

1 *Ibid.*, p. 9, p. 11. Cf. *Poétique* 1447a et cf. aussi Platon *Lois* II, 655d.

2 *Ibid.*, p. 15 (*Poétique* 1447b), ce qui lui permet d'ailleurs de prétendre que l'affirmation aristotélicienne selon laquelle les dialogues socratiques ne seraient pas poésie est le résultat d'un contresens et d' affirmer à son tour qu'en vertu de leur valeur mimétique *Socrates satis constet etiam poemata scripsisse* (*ibid*).

3 *Ibid.*, p. 32.

4 Platon *Lois* (66a), cité par Benvéniste, *loc. cit.* p. 334, cf. plus haut le passage cité du *Banquet* : "le rythme résulte du rapport du rapide et du lent, d'abord opposés puis accordés." (187b)

> Cet ordre dans le mouvement a précisément reçu le nom de rythme, tandis qu'on appelle harmonie l'ordre de la voix où l'aigu et le grave se fondent.

Ainsi cette notion de rythme, loin de nous enfermer à nouveau dans la question du *numerus* en donne la résolution, celle même à laquelle parvient aussi, moins Du Bellay dans la *Défense* que *Le Quintil horatien* dans la critique qu'il en fait :

> D'avantage ces nombres et liaisons dont tu fais tant de mine et mystère (...) ne sont aujourd'hui ni entendus, ni connus, ni observés, au moins bien peu en la langue Latine : comme très bien l'ont demontré Erasme et Melanchton. Au contraire en la Française (que tu en dis être depourvue) y sont observés, bien connus et entendus les nombres et liaisons... Car ceux nombres que Cicéron en l'Orateur parfait leur attribue, qui sont Pair contre pair, semblables fins, contraires, et carrures, que sont-ce autres choses sinon les nombres, rimes ; cadences unisonantes, rencontres et croisures de nos vers Français ? avec les liaisons des coupes, et des syllabes, quatre à quatre, six à six, et au contraire[1] ?

Cette définition, au lieu de nous faire tomber dans un nouvel écueil, celui de la *concinnitas*, avec la double référence du *Quintil* à Isocrate et Cicéron, montre justement combien Montaigne en est éloigné : loin de tout soupçon d'appartenance rhétorique, puisque la prose poétique est tout entière du côté de la représentation et non de la persuasion, loin de tout soupçon de *concinnitas* puisque le rythme existe précisément chez Montaigne dans la brisure et la rupture, l'irrégularité érigée en système signifiant, nous l'avons entrevu.

Et quand bien même nous serons tentés parfois de retrouver des cadences iambiques, anapestiques ou spondaïques, dans certains passages de Montaigne, ces mesures n'auront sens que de ne jamais se constituer en mètres, d'obéir seulement aux lois variables de l'émotion, de l'élan, de l'apaisement, de la rapidité et de la lenteur, du rythme toujours mouvant de cette prose

---

1 *Le Quintil Horacien*, in *Traités de poétique et de rhétorique de la Renaissance*, éd. F. Goyet, Paris, Le Livre de Poche classique, 1990, p. 197.

poétique qui dit le mouvement. Nous nous en tiendrons donc à cette conception d'un rythme-mouvement, rythme marqué par l'élan, la brisure, la rapidité ou la lenteur, les différentes modulations par lesquelles se communique l'émotion.

Que Montaigne se serve ainsi d'Aristote —mais aussi du Platon des *Lois* — pour inventer non seulement le rapport de sa prose à la poésie mais une prose proprement poétique[1], c'est ce qu'il nous reste à montrer, en procédant non pas systématiquement comme a pu le faire Regula Meyenberg dans son étude de la prose d'Alain Chartier[2], mais par échantillonnages : par l'analyse de certains passages où le rythme, l'harmonie — et aussi souvent en même temps "l'animation" par la métaphore — nous semblent concourir, *via* ou non le dialogue de la prose et des vers, à l'élaboration d'une prose poétique. Nous nous appuierons en particulier sur l'exemplaire de Bordeaux qui nous semble offrir le témoignage le plus probant du travail stylistique de Montaigne et de l'attention extrême qu'il accordait à la ponctuation, donc à la scansion de son texte, mais aussi à son euphonie. Les corrections qu'il porte, malgré ses dénégations, sont en effet souvent aussi de cet ordre, rythmiques et musicales. Et il suffit de relire les remarques faites à l'imprimeur sur la page de garde de son exemplaire pour se persuader de l'égale importance qu'il accorde à la scansion des vers cités et de son propre texte :

> La prose latine grecque ou autre estrangière il la faut mettre parmi la prose françoise en caractere differant, les vers à part et les placer selon leur nature, pentamettres saphiques les demi vers les comancemans au bout de la ligne la fin sur la fin en cet examplere il

1 C'est-à-dire qui tout en semblant retrouver certains des principes de base exposés par Cicéron dans l'*Orator* à propos du *numerus*, s'en distingue fondamentalement par sa fonction et son usage.

2 Regula Meyenberg, *Alain Chartier prosateur et l'art de la parole au XVe siècle, Etudes littéraires et rhétoriques*, Romanica Helvetica vol. 107, Bern, Francke, 1992.

> y a mille fautes en tout cela (...) C'est un langage coupé (qu'il n'y espargne les pouincts et lettres majuscules. Moi mesmes ai failli souvant a les oster et a mettre des comma ou il falloit un poinct. Qu'il voie en plusieurs lieus ou il y a des parentheses s'il ne suffira pas de distinguer le sens avec des poincts[1].

Mais avant de passer à ces analyses, il nous paraît nécessaire de faire un dernier détour théorique, afin d'éclairer plus nettement l'arrière-plan sur lequel s'élabore la poétique montaignienne.

II - Du mythe à la mimesis : où l'on revient sur le modèle platonicien

Cette redéfinition de la poésie comme langage de l'action, de la communication de l'émotion, nous amène assez loin du modèle platonicien dont Montaigne semblait se réclamer dans l'essai "De la vanité", du moins de sa lecture néo-platonicienne. Pourtant tout dans le passage de cet essai consacré à la poésie paraissait dire la filiation.

Le développement consacré par Montaigne à la poésie à la fin du chapitre IX est en effet une marqueterie d'emprunts et d'allusions au *Phèdre* ("j'ay passé les yeux sur tel dialogue de Platon"), à *Ion* ("c'est une art, comme dict Platon") et aux *Lois* ("Le poëte, dict Platon..."). Et les trois équivalences posées par Montaigne pour conclure son développement — "Luy mesmes est tout poëtique, et la vieille theologie poesie [...] C'est l'originel langage des Dieux" — constituent une sorte de triangle sémantique qui semble à première lecture de parfaite orthodoxie néo-platonicienne. On connaît Montaigne pour un grand lecteur de Ficin, dont il cite abondamment les

---

1 *Essais de Michel de Montaigne*, Reproduction typographique de l'exemplaire annoté par l'auteur et conservé à la bibliothèque de Bordeaux, par E. Courbet, A. Armaingaud & J. Du Portal, Paris, Imprimerie Nationale, 1906-31, 3 vol., T. I, verso de la page de titre.

traductions des dialogues de Platon. Nous sommes ici renvoyés en particulier au commentaire du *Ion*, et aux correspondances qui y sont établies entre les Muses, les planètes et les premiers poètes-philosophes :

> *Poeticus furor est occupatio quaedam a Musis, quae fortita lenem et insuperabilem animam, exsuscitat eam atque exagitat per cantilenas aliamque poesim* [...]. *Non igitur arte humana sed divina quadam infusione proferunt.* [...] *octoque sphaerarum coelestium animae, novem Musae vocantur, quia dum coelos harmonice movent, musicam pariunt melodiam* [...] *Calliope Musa vox est ex omnibus resultans sphaerarum vocibus. Urania, Coeli Stelliferi, per dignitatem sic dicta. Polymnia Saturni* [...] *Terpsichore Iovis* [...] *Clio Martis* [...] *Melpomene solis* [...] *Erato Veneris* [...] ; *Euterpe Mercurii* [...] *Apollo item solis est anima, lyra ejus solis corpus* [...] *Orpheum quidem afflavit Calliope, Museum Urania, Homerum Clio, Polymnia Pindarum, Erato Sapphon, Melpomene Thamyram, Terpsichore Hesiodum, Thalia Maronem, Nasonem Euterpe. Linum rapuit idem qui et te jam nunc exagitat Phoebus, optime Laurenti*[1].

C'est d'abord en ce sens que la poésie est "langage des Dieux", voix divine : chaque poète est la voix d'une Muse, selon une hiérarchie qui correspond à l'histoire de la poésie[2]. La *prisca theologia* est par nature et par définition poésie. Orphée fils et inspiré de Calliope et les hymnes orphiques jouent un rôle essentiel dans la conception ficinienne, dans le lien indissoluble du poétique, du mythique et du symbolique. La théologie est poétique car elle s'exprime en figures et énigmes, elles-mêmes voiles d'un savoir qui dépasse la pensée discursive : et l'on est renvoyé ici du *Second Alcibiade* ("la poésie est pleine d'énigmes" 147b) au commentaire du

---

1 *Omnia divini Platonis opera translatione Marsilii Ficini*, Bâle, 1551, p. 167-8.

2 C'est ce commentaire du *Ion* qu'orchestrera Ronsard dans son ode à Michel de l'Hospital, ode à la plus haute gloire de la poésie (*Odes* V, 8, épode 12-épode 13 et cf. strophe 17-antistrophe 18 pour l'histoire des poètes de leur âge d'or à l'âge de fer).

Banquet qui introduit ainsi l'interprétation allégorique du mythe d'Aristophane :

> *Mos enim erat veterum theologorum sacra ipsorum puraque arcana ne a prophanis, et impuris polluerentur, figurarum umbraculis tegere*[1].

C'est ainsi que se trouve articulé le troisième angle de notre triangle. C'est précisément ce caractère voilé, énigmatique de la poésie qui fait de Platon un poète selon une association que l'on trouve chez Ficin et chez tous les commentateurs de Platon, association explicitée en ces termes dans "'l'Apologie de Raymond Sebon" :

> Ay je pas veu en Platon ce divin mot, que nature n'est rien qu'une poësie œnigmatique ? (...)Et certes la philosophie n'est qu'une poësie sophistiquée. D'où tirent ces auteurs anciens toutes leurs authoritez, que des poëtes ? Et les premiers furent poëtes eux mesmes et la traicterent en leur art. Platon n'est qu'un poëte descousu[2].

Et si la première phrase peut bien apparaître comme une relecture fautive de la traduction par Ficin de la formule du *Second Alcibiade* : "*Est enim ipsa natura universa poiesis aenigmatum plena*[3]," ce contresens va peut-être au contraire au

---

1 *Commentaire sur le Banquet*, texte établi et traduit par R. Marcel, Paris, Belles Lettres, 1956, p. 168 : "C'est une coutume chez les Anciens théologiens de dissimuler à l'ombre des figures leurs secrets divins et purs, de peur qu'ils ne soient souillés par les profanes et les impurs". Cf. l'introduction de Pic à l'*Heptaplus*, où il insiste sur l'habitude des anciens théologiens "de ne pas écrire des choses divines ou seulement de façon voilée ; d'où leur nom de mystères... Notre Platon a tellement caché sa doctrine sous des voiles d'énigmes de symboles mythiques, des images mathématiques et des raisons obscures qu'il a déclaré lui-même dans ses lettres que nul ne pouvait avoir clairement compris ses écrits sur la divinité. "cité par A. Chastel in *M. Ficin et l'art*, Genève, Droz, 1975, p. 141. Cf enfin là encore Ronsard, *Art Poëtique François*, in *Oeuvres complètes, op. cit*, T. XIV, Paris, Didier, 1949, p. 4 : "La Poësie n'estoit au premier aage qu'une Theologie allegoricque."

2 *Essais*, II, 12, p. 536-7.

3 *Omnia divini Platonis opera... op. cit.* p. 47.

cœur du sens. De l'artifex divin au divin Platon il n'est qu'une différence de degré : un seul et même mouvement créateur, artistique, poétique au sens premier du terme les caractérisant[1]. Il fonde en tout cas le jeu de miroir établi entre le monde et la philosophie qui en exprime les mystères dans le langage médiateur et privilégié du divin à l'humain qu'est la poésie. Platon est par excellence ce philosophe-poète : "luy-mesmes est tout poëtique". Et là encore ce sont les mots de Ficin que l'on croit d'abord retrouver sous la plume de Montaigne, les mots même par lesquels il présente son ouvrage à Laurent de Médicis dans la préface générale de sa traduction des *Œuvres complètes* de Platon (*nec vero me Platonicum in his libris stylum omnino expressisse profiteor... stylum inquam non tam humano eloquio et divino oraculo similem... semper autem arcana cœlestia complectentem*), les mots surtout par lesquels il introduit le *Phèdre* :

> *Plato noster poeticae musae, quam a tenera aetate, immo ab apollinea genitura sectatus est, furore gravidus, primum peperit librum* ***totum pene poeticum...***

Ascendance divine et langage divin telles sont les caractéristiques de Platon (dont on prétend qu'il composa d'abord des poèmes[2]) et de son style. Ce jugement sur Platon est général[3]. S'en fait par exemple l'écho l'épître liminaire de Loys le Roy à sa traduction du *Timée* :

---

1 Voir sur ce point le chapitre consacré par A. Chastel à "Deus in terris, l'homme artiste universel" in *Marsile Ficin et l'art*, *op. cit.* p. 57 et s.

2 Voir *Opera op. cit.* "*Poetico stylo in adolescentia floruit. Elegias composuit...*"

3 Que le caractère poétique de sa prose fasse l'objet de critiques ou d'éloges. Voir en particulier la façon dont H. Estienne dans la préface de son édition de la lettre de Denys d'Halicarnasse à Gémistos Pompée où est critiqué le style poétique de Platon, prend sa défense : *Dionysii Halicarnassei responsio ad Gn. Pompeii epistolam...* Paris, 1554. Voir sur tous ces points l'article de J. Lecointe "Naissance d'une prose inspirée : 'prose poétique' et

> Il y a telle maiesté en son parler qu'on a estimé que quand Dieu eust voulu user du langage des hommes, il n'eust autrement parlé que Platon et l'appelle Cicéron en plusieurs passages pere non seulement de sçavoir mais de bien dire : ayant style moyen entre la prose et les vers, approchant neantmoins plus pres de l'Homerique[1].

Loys le Roy développe la même idée dans son argument au *Banquet*, où après avoir retracé l'histoire de la *prisca theologia* et expliqué les mystères de la théologie allégorique il écrit :

> Platon ne voulut point user du vers comme Empedocles, Melisse, Parmenide, Heraclite et autres avoient fait devant luy : ains de prose seulement et retint la fable. Tellement qu'à la bien prendre on le jugeroit un poëte prosaïque et n'a escrit sans raison Quintilien que l'oraison de Platon s'esleve beaucoup par dessus la prose commune, et qu'il semble plutost parler par inspiration divine que par entendement humain ayant style moyen entre le poete et l'orateur, approchant neantmoins plus du poetique...[2]

La mise à plat qu'opère en quelque sorte Loys Le Roy montre bien quel est ici exactement l'arrière-plan de ce recours de Montaigne aux textes platoniciens et aux commentaires néo-platoniciens. On retrouve chez Le Roy les mêmes composantes que chez Ficin, le caractère inspiré (furieux) de l'écriture, le langage mythique comme expression du divin, théologie allégorique, mais réinscrites dans une problématique rhétorique, via Cicéron et Quintilien[3]. Or l'enjeu de ces phrases dans le chapitre "De la vanité" est bien d'abord un enjeu d'écriture et de lecture : Montaigne fait ici référence à la *prisca theologia* en tant qu'elle privilégie l'expression figurée, énigmatique mais surtout désordonnée de la poésie. D'où l'appel au suffisant

---

néo-platonisme au XVI° siècle en France" *Bulletin d'Humanisme et de Renaissance*, LI-1, 1989, p. 13-57, en particulier, p. 32 et s.

1 *Le Timée de Platon translaté de grec en françois par Loys Le Roy* Paris, chez Abel l'Angelier, 1582.

2 *Le symposium de Platon ou De l'Amour*, Paris, chez Abel l'Angelier, 1581.

3 Cicéron *Orator*, XX, 67 et Quintilien *Institution Oratoire*, X, 1, 81.

lecteur. L'essentiel n'est pas ici le mythe mais le désordre : il suffit pour s'en convaincre de voir comment Montaigne relit dans les lignes précédentes les analyses consacrées par Platon au poète dans les *Lois* (IV, 719c) : le désordre et la contradiction ne sont pas dans le texte de Platon le fait de la fureur poétique mais de ce qu'il imite :

> Un poète, quand il s'assied sur le trépied des Muses n'est pas alors dans son bon sens, mais il est pareil à une fontaine qui s'empresse de laisser couler toute l'eau qui lui vient, et comme son art est d'imiter, il est contraint, quand il compose de représenter les hommes dans des dispositions mutuellement opposées, de se mettre en opposition avec lui-même dans ce qu'il leur fait dire[1].

Montaigne fait au contraire du désordre un attribut de la poésie :

> Le poëte, dict Platon, assis sur le trepied des Muses, verse de furie tout ce qui luy vient en la bouche, comme de la gargouille d'un fontaine, sans le ruminer et poiser, et luy eschappe des choses de diverse couleur, de contraire substance et d'un cours rompu.

Le désordre devient le critère qui distingue foncièrement la poésie (et la prose poétique dont il se réclame) de la prose discursive qui obéit aux règles de la disposition : "Platon est un poëte decousu", comme il l'écrit dans l'"Apologie de Raymond Sebon", et l'on reconnaît là la haine de Montaigne pour les clauses que l'on apprend pendant des années fastidieuses à coudre ensemble dans les écoles de rhétorique et ses dédains pour les coutures et les apprêts d'une prose cicéronienne[2]. On voit aussi à quel point ce texte est une apologie de la prose poétique : poésie décousue elle-même,

---

1 Nous suivons ici la traduction de L. Robin (*Les Lois*, IV, 719, Platon *Œuvres complètes*, Paris, Gallimard, Bibliothèque de la Pléiade, 1950, T. II, p. 767-8). Sur tous ces points voir les analyses d'André Tournon dans "Montaigne et l'allure poétique", *B. H. R.*, XXXIII, 1971, p. 156-162.

2 Voir en particulier *Essais*, III, 9, p. 995 3°§, I, 26, p. 172 ("je n'aime point de tissure où les liaisons et les coutures paroissent") et II, 10, p. 413.

poésie du rythme et non du mètre. On a donc bien ici promotion et invention d'un langage à mi-chemin de la prose et des vers : délivré des liaisons et des balancements aussi bien que des règles de la composition oratoire[1] et des découpages et scansions métriques, langage rendu à la liberté de son mouvement. C'est pourquoi toute la page précédente sur l'allure poétique, sur la bigarrure, les muances, les escapades des traités de Plutarque et Platon conduit à ces propos sur la *prisca theologia*. Or là encore c'est en relisant Platon à travers Ficin, un Ficin dont il tord les sentences à son usage, comme il en a coutume, que Montaigne fait du désordre le critère même d'une prose poétique. Dans la préface générale de sa traduction des *Œuvres* de Platon, Ficin écrit en effet :

> *Fingit et saepe fabulas more poetico : quippe cum ipse Platonis stylus, non tam philosophicus, quam re vera poeticus videatur. Furit enim interdum atque vagatur, ut vates et ordinem interea non humanum servat, sed fatidicum et divinum.*

Ce que retient Montaigne, c'est cette libération de l'esclavage de l'*humanus ordo*. Il s'agit bien d'un enjeu anti-rhétorique, et c'est pourquoi le jugement sur Platon fait ici aussi implicitement écho, comme chez Le Roy, à celui de Cicéron et Quintilien[2] ; ailleurs, quand les enjeux sont différents, Montaigne critique en effet le style de Platon et ne lui reconnaît

---

1 Cf. par exemple dans la *Rhétorique* le passage où Aristote différencie prose et poésie : "le discours doit par conséquent avoir un rythme, non un mètre ; autrement ce serait un poème" (1408b) et où il montre en même temps que la liaison, la coordination (sundÄsmos) caractérisent le style en prose(1409a).

2 Cf. La façon dont J. Peletier du Mans insiste à leur suite sur la liberté du poète et du poème (*Art Poëtique*, I, III, éd. A. Boulanger, Paris, Belles Lettres, 1930, p. 83 et s.). Et voir sur ce point et sur ce rapport de la poétique à la rhétorique dans la critique ancienne et moderne les analyses de F. Cornilliat dans l'introduction de sa thèse, *Or ne mens, Couleurs de l'Eloge et du blâme chez les "Grands Rhétoriqueurs"*, Paris, Champion, 1994.

plus rien de poétique : "La licence du temps m'excusera elle de cette sacrilege audace, d'estimer aussi trainans les dialogismes de Platon mesmes et estouffans par trop sa matiere (...) mon ignorance m'excusera mieux sur ce que je ne voy rien en la beauté de son langage[1]." Et l'on comprend en quoi Platon demeure un modèle en quelque sorte négatif. Les propos sur le style poétique de Platon, sur la *prisca theologia* sont là pour fonder la poétique même des *Essais*, pour servir moins de modèle que de garant à l'invention d'une prose poétique qui ne doit plus rien à la prose discursive, qui est totalement libérée des impératifs rhétoriques[2], tout autant que des modèles métriques[3]. Montaigne n'en règle pas moins aussi, via Platon, ses comptes avec la philosophie, avec la philosophie moderne, celle même qui a perdu la "gaillardise de l'imagination" qui caractérisait la philosophie ancienne[4]. L'origine perdue de la poésie est aussi celle où la philosophie savait encore se confondre avec elle, se faire sensible au cœur et aux sens, nous l'avons vu en analysant l'"Apologie de Raymond Sebon". Et cette nostalgie est

1 *Essais*, II, 10 "Des livres" p. 414 (ajout C).

2 Dans une démarche qui n'est pas sans faire songer à celle de Ronsard dans la *Responce aux injures*, Ronsard *Œuvres Completes*, *op. cit.* T. XI, Paris, Didier, 1973, p. 159-161, v. 847 et s., voir en particulier les v. 869-80 : "En l'art de Poësie, un art il ne faut pas/ Tel qu'ont les Predicans, qui suivent pas à pas/ Leur sermon sceu par cueur, ou tel qu'il faut en prose/ Où toujours l'Orateur suit le fil d'une chose/ Les Poëtes gaillards ont artifice à part, / Ils ont un art caché qui ne semble pas art/ Aux versificateurs, d'autant qu'il se promeine/ d'une libre contrainte, où la Muse le meine...". Et l'on retrouve les mots-clés de l'analyse montaignienne, la "gaillardise" et le "vagabondage".

3 On serait en ce sens ici aux antipodes de la "prose poétique inspirée" néoplatonicienne qu'analyse J. Lecointe, *loc. cit.*

4 Cf. *Essais*, II, 12, p. 559 : "La liberté donq et gaillardise de ces esprits anciens produisoient en la philosophie et sciences humaines plusieurs sectes d'opinions différentes... mais à present que les hommes vont tout d'un train" et III, 5, p. 873 : "C'est la gaillardise de l'imagination qui esleve et enfle les paroles" et nos analyses *supra*.

nourrie là encore de ses lectures de Plutarque, celui du dialogue pythique *De pythiae oraculis* où l'histoire de la philosophie est histoire du passage des vers à la prose[1]. Or Montaigne ne transforme pas seulement l'historique plutarquien en évocation nostalgique, il exprime à travers elle le regret d'une philosophie poétique au point d'être sensible, d'où la relecture de l'histoire à l'envers : le modèle n'est plus Orphée mais Lucrèce, celui même qu'il cite dans le chapitre "Sur des vers de Virgile", représentant "les forces et valeurs" d'Amour "plus vives et animées en la peinture de la poésie qu'en leur propre essence", d'un "air plus amoureux que l'amour mesme".

Ce qui fonde en effet le renversement complet qu'opère Montaigne à partir de la vulgate néo-platonicienne, c'est que pour lui la poésie est un langage "sensible", un langage "de chair et d'os" comme il l'écrit dans "Sur les vers de Virgile"[2]. En relisant le commentaire de Ficin sur l'*Ion* de Platon, Montaigne fait l'économie de tout le développement sur l'harmonie. Si la poésie est langage divin en bonne orthodoxie ficinienne c'est par son harmonie, analogon de la musique des sphères, chaque Muse correspondant à une planète, chaque poète à une Muse. La fureur poétique n'a d'autre fonction dans la hiérarchie des quatre fureurs que de rétablir d'abord dans l'âme la concorde, de la préparer à la phase suivante de la fureur mystique. Quand Scaliger veut fonder sa poétique en dignité, il a recours aux mêmes arguments[3]. Montaigne reprend bien à Ficin le thème de la fureur, il associe toujours fureur et

---

1 Voir *De pythiae oraculis* 402 E, 406B-D.

2 *Essais*, III, 5, p. 873.

3 *Poetices libri Septem*, *op. cit.*, préface liminaire : "*Quippe cum ad commensum illorum corporum atque motuum qui cientur in cœlesti mole, cognoscimus additas ineffabiles æternarum illarum mentium consensiones : facile intellegimus tam divine rei specimen esse poesim, quae materias ipsas animet numerosa concordia dissimilium momentorum.*"

poésie et ce dans des termes très proches de ceux du maître, pourtant il insiste aussi toujours de manière caractéristique sur le caractère sensible de ce transport et sur le mouvement de descente[1].

Si la poésie est rythme et voix pour Montaigne comme pour Ficin, ce rythme et cette voix jouent chez Montaigne non plus sur l'esprit pour le libérer mais sur les passions. C'est en ce sens qu'on peut relire tout le développement consacré par Montaigne dans l'"Apologie de Raymond Sebon" à l'origine toute humaine du langage, commune aux hommes et aux animaux, langage de la passion, langage du désir, de la peur dans une démarche qui annonce le Rousseau du *Discours sur l'origine des langues* — pour qui l'origine des langues est poétique autant que passionnelle — comme l'a bien montré M. L. Demonet[2].

C'est bien pourquoi peut perdurer par delà même la rupture annoncée et accomplie dans l'"Apologie de Raymond Sebon" entre Logos divin et langage humain[3], un dialogue entre l'Apollon qui à la fin de l'essai "De la vanité" renvoie l'homme à ses limites et le je qui à la fin du dernier chapitre prie ce même Apollon de le garder

... nec cithara carentem

en un ultime témoignage de fidélité à la poésie.

---

1 Voir "Du jeune Caton" *Essais*, I, 37, p. 232, cf. II, 12, p. 593, III, 4, p. 837-8.

2 Voir *Essais*, II, 12, p. 453, 458 et les analyses de M. L. Demonet, "Question douteuse : le langage I" in *B. S. A. M.* n° 15-16, 1983, p. 20 et cf. aussi sa thèse, *op. cit.* p. 487 et s.

3 Pour reprendre le titre donné par J. Chomarat au premier chapitre de son ouvrage *Grammaire et rhétorique chez Erasme op. cit.* où est si bien établie la filiation du Plutarque de *Sur L'E de Delphes* à Augustin et à Erasme, filiation qui nous conduit au Montaigne de l'Apologie. Voir aussi sur ce point les analyses de R. Dragonetti "L'image et l'irrepresentable dans l'écriture de saint Augustin" dans *La Musique et les Lettres*, Genève, Droz, 1986, p. 393-413.

III - *Et versus digitos habet*

Montaigne ne se défie et ne se moque du pouvoir de l'orateur sur les passions que pour mieux dissocier persuasion et imitation, rhétorique et passions et rendre ces dernières à la seule poésie, qui ne se soucie pas de "manier et agiter une tourbe desreiglée"[1] ou de piper des juges sur la vérité d'une affaire :

> L'Orateur, dict la rhétorique, en cette farce de son plaidoier s'esmouvera par le son de sa voix et par ses agitations feintes, et se lairra piper à la passion qu'il represente. Il s'imprimera un vray deuil et essentiel, par le moyen de ce battelage qu'il jouë, pour le transmettre aux juges, à qui il touche encore moins[2].

Le vocabulaire théâtral qui dépeint dans "Du jeune Caton" ou dans ce même essai "De la diversion" quelques lignes plus haut le pouvoir de la poésie[3] devient langage ironique et critique dès l'intant où il s'agit de persuader une foule ou un jury, de les "manier" et "contourner par les oreilles", pour les empêcher de "poiser et connoistre la verité des choses par la force de la raison"[4]. La poésie a le grand privilège de s'en tenir à la seule représentation, de rendre en quelque sorte l'*actio* gratuite. La poésie est donc bien et peut-être d'abord pour Montaigne, ce langage de la passion, qui la représente et la communique, et la prose le cède le plus souvent aux vers, dans le texte des *Essais*, dans une démarche que nous avons déjà eu l'occasion d'observer, lorsque l'analyse trouve ses limites.

Les essais "De la tristesse", "De la peur", "De la colere" offrent sans doute les meilleurs exemples de ce glissement de la prose à la poésie comme glissement de la tentative d'explication des passions à l'essai de communication d'un effet ressenti au

1 *Essais*, I, 51, "De la vanité des paroles", p. 305.
2 *Essais*, III, 4 "De la diversion", p. 838.
3 *Ibid.*, p. 837 : "Ainsi nous troublent l'ame les plaintes des fables..."
4 *Essais*, I, 51, p. 306.

lecteur : l'essai "De la tristesse", n'a peut-être pas d'autre enjeu ni d'autre sujet, comme l'a bien montré Christine Brousseau que de poser cette question même de la représentation. La prose n'y cède pas seulement le pas aux vers de Virgile, de Pétrarque ou de Catulle à chaque fois qu'il faut y représenter dans leur intensité, à leur extrémité la douleur, l'amour, la surprise, mais la prose elle-même s'y soumet peu à peu aux lois de la poésie, le rythme s'élance et se brise, pour s'élancer à nouveau, épousant la courbe même du mouvement qu'il décrit, le retour des marges du silence à la parole retrouvée, et les sonorités sont confirmées dans leur fonction par l'écho allitératif du vers ajouté en [B] :

> comme il nous advient à la chaude alarme d'une bien mauvaise nouvelle, de nous s*en*tir **saisis**, / transis, / et comme perclus/ de tous mouvem*ens*/, de façon que l'ame se relasch*ant* **apres**/ aux larmes et aux pl*ain*tes/, s*em*ble se **despr***en***dre**, / se **de***m*eler/ et se *m*ettre plus au **large**, / et à son aise,
>
> [B] *Et via vix tandem voci laxata dolore est*[1].

L'essai "De la peur" fait lui aussi surgir l'*incipit* virgilien des frontières du silence, de cette limite même de la parole à laquelle conduit l'extrémité de la passion et que seule la poésie sait représenter, comme l'illustre si bien l'essai "De la tristesse" :

> *Obstupui, steteruntque comæ, et vox faucibus hæsit*[2].

La force du vers est de se détacher ici dans son intensité, sa densité, son caractère limite, parole aux marges du silence, sur la prose analytique et volontairement maladroite, *sermo* ouvertement *pedestris*, qui le suit et ne va plus au cœur de la passion, n'en explore plus que les alentours :

---

1 *Essais*, I, 2, p. 12 : "Enfin, à grand-peine, la douleur a ouvert un passage à la voix."

2 "De la peur", *Essais*, I, 18, p. 75 : "Je demeurais stupide, mes cheveux se dressèrent et ma voix s'arrêta dans ma gorge."(Paroles d'Enée à l'apparition de Créüse.)

> Je ne suis pas bon naturaliste (qu'ils disent) et ne sçay guiere par quels ressors la peur agit en nous ; mais tant y a que c'est une estrange passion : et disent les medecins qu'il n'en est aucune qui emporte plustost nostre jugement hors de sa deuë assiette[1].

Un seul autre vers, plus loin dans l'essai nous ramènera à nouveau à cette question de l'expression, des limites du silence et de la parole, domaine privilégié de la poésie qui en fait le lieu même de la représentation de la passion : le récit des réactions des soldats de Pompée au spectacle de sa mort reconduit en effet au même jeu d'opposition :

> ... jusques à ce qu'arrivez à Tyr, libres de crainte, ils eurent loy de tourner leur pensée à la perte qu'ils venoient de faire, et lascher la bride aux lamentations et aux larmes, que cette autre plus forte passion avoit suspendües.
>
> *Tum pavor sapientiam omnem mihi ex animo expectorat*[2].

On voit bien comment la poésie permet ici de passer du récit à la description, du passé au présent, de la troisième à la première personne, comment, dans ce discours où Montaigne ne s'engage jamais, qui est un tissu d'exemples historiques, les vers introduisent autant de trouées, d'échappées vers l'expression et la représentation de la passion, dans une tension au demeurant qu'aucune médiation, aucun échange de la prose au vers ne vient véritablement résoudre[3].

Mais la poésie ne sert pas seulement à représenter ce point extrême de la passion où la parole défaille, où *lingua torpet*, où *vox faucibus hæsit*, elle permet aussi de représenter l'autre limite de la parole, celle où elle n'est plus que son, bruit, tonnerre et grondements : et c'est bien cette limite qu'explore l'essai "De la colère" où la métaphore se conjugue aux sonorités et au rythme pour représenter cet excès et le communiquer de la

---

1 *Ibid.*,

2 *Ibid.*, p. 76 : "Alors la peur m'arrache du cœur toute espèce de raison."

3 A la différence de ce qui se passe dans l'essai "De la tristesse".

prose aux vers puisque les vers ajoutés en 1588 viennent à chaque fois confirmer le mouvement et le sens :

> Entre autres choses, combien de fois m'a-il prins envie, passant par nos ruës, de dresser une farce, pour venger des garçonnetz que je voyoy escorcher, assommer et meurtrir/ à quelque pere ou mere furieux/ et forcenez de colere ! / Vous leur voyez sortir le feu/ et la rage des yeux,
>
> [B] *rabie jecur incendente, feruntur*
> *Praecipites, ut saxa jugis abrupta, quibus mons*
> *Subtrahitur, clivoque latus pendente recedit*[1].

De la prose aux vers, les sonorités roulent, mimant le grondement de la colère, tandis que le rythme traduit le mouvement emporté (des coordinations qui relancent le mouvement dans la prose aux rejets des vers) et que la métaphore se réalise (du "feu" et de la "rage" à la *rabie incendente*) et se poursuit en comparaison *via* la reprise du passif (de "forcenez" à *feruntur*). Certes ce sont bien les vers qui poursuivent jusqu'au bout le mouvement sur le mobile d'une comparaison dont plus loin deux comparaisons virgiliennes offrent comme autant de variations :

> [B] *magno veluti cum flamma sonore...*[2]
> *Mugitus veluti cum prima in prœlia taurus*
> *Terrificos ciet...*[3]

1 *Essais*, II, 31, p. 714 : "Le cœur enflammé de rage, ils roulent comme le rocher qui, perdant son point d'appui, se précipite tout à coup du haut de la montagne." (Juvénal)

2 *Ibid.*, p. 718 : "Ainsi lorsqu'avec un grand bruit le feu..."

3 *Ibid.*, p. 719 : "Tel un taureau, qui, se préparant au combat, pousse des mugissements terribles..." On retrouve toutes ces images appliquées aux portraits de César et d'Alexandre quelques essais plus loin voir II, 34, p. 739, et aussi II, 36, p. 755, César est éclair, tigresse, rocher dévalant la montagne dans les vers de Lucain et Virgile, tandis qu'Alexandre devient un torrent, un taureau par la voix d'Horace : et l'on retrouve du portrait de l'un au portrait de l'autre la même tournure, la même comparaison homérique qui ouvre à la violence de la nature et donne à l'image toute sa force en faisant retentir dans l'accumulation des allitérations, le mouvement du rythme, l'élan, le bouleversement. Le torrent qui intervient en arrière-plan dans le récit des hauts

C'est aussi cet écho des citations poétiques que prolonge après la dernière comparaison virgilienne la description finale de l'empire de la colère sur le je, qui reprend l'image de la pierre emportée "praecipes" et prolonge les effets de rythme des vers pour mieux les apprivoiser et les tempérer. Toute la fin de l'essai "De la colère" n'est pas seulement en effet une analyse des limites de l'empire de la passion sur Montaigne, elle en est aussi l'illustration, dans les frontières mêmes qu'elle redessine entre vers et prose. Loin de se laisser emporter, le rythme de la prose marque une distance. A la comparaison virgilienne, marquée par les rejets, les enjambements, le grondement des sonorités, succèdent cette confidence et cette analyse :

> [B] Quand ie me courrouce, / c'est le plus vifvement, / mais aussi le plus briefvement, et secretement que ie puis/ : ie me pers bien en vistesse, et en violence, / mais non pas en trouble : / [...] et le mal'heur veut, / que dépuis que vous estes dans le precipice, / il n'importe, / qui vous ayt donné le branle, / vous allez tousjours jusques au fons : / la cheute se presse, / s'esmeut, et se haste d'elle mesme. / Aux grandes occasions, cela me paye, qu'elles sont si justes, que chacun s'attend d'en voir naistre une raisonable cholere : ie me glorifie à tromper leur attente : [...] Quand vous me sentirez esmeu le premier, / laissez moy aller, / à tort et à droict : / j'en feray de mesme, / à mon tour. / La tempeste ne s'engendre que de la concurrence des choleres, qui se produisent volontiers l'une de l'autre, et ne naissent en un point. Donnons à chacune sa course, nous voylà tousiours en paix[1].

Tout repose ici sur l'alternance de passages mimétiques et de passages analytiques (nettement marquée par le changement de tempo[2]), de mouvements rythmiques amorcés et interrompus ou

---

faits de César de l'essai 34 devient à l'essai 36 dans la métaphore prosaïque ("ce furent deux feux ou deux torrens...") et l'image poétique, l'incarnation d'Alexandre puis de César dans un échange exemplaire de ce mouvement qui se communique des vers à la prose, de la prose aux vers, d'un chapitre à l'autre.

1 *Ibid.*, EP, pl. 640-41, V. p. 719-20.

2 Tout autant que sur l'alternance d'analyse et de dialogue, marquée elle aussi par le changement de tempo.

plutôt endigués, canalisés, comme l'est à chaque fois la métaphore. La prose de Montaigne se caractérise en effet avant tout par sa souplesse, elle sait explorer les marges poétiques, en assumer les virtualités, et l'espace d'un moment, passer d'un registre à l'autre. Il arrive que cette alternance se retrouve dans le seul cadre prosaïque. Ainsi dans l'essai "De la force de l'imagination", tout aussi caractéristique que l'essai "De la colere" de ce jeu de distance et d'approche successives de Montaigne :

> Elles ont chacune [les parties du corps] des passions propres [...] N'y a-il que ces muscles et ces veines qui s'elevent et se couchent sans l'adveu, non seulement de nostre volonté, mais aussi de nostre pensée ? Nous ne commandons pas à nos cheveux de se herisser, à nostre peau de fremir de desir ou de crainte. La main se porte souvent où nous ne l'envoyons pas. /La langue se transit, / et la voix se fige à son heure[1].

Cette alternance passe au demeurant le plus souvent dans le texte par l'interférence des vers et de la prose et la prose devient poétique à leurs marges. L'essai "Sur des vers de Virgile" est animé de ces échanges, comme il l'est de celui des souvenirs passés et des analyses présentes, nous avions déjà commencé à l'entrevoir.

> Ie ne *s*ui*s* pas/ de *si* long temps ca*ss*é / de l'estat/ et *suitte* de ce **Dieu**, /que je n'aye la memoire inform**é**e /de ses forces et **valeurs**, /
>
> *agnosco veteris vestigia flammae.*
>
> Il y a encore/ quelque demeurant/ d'emotion et chaleur/ apres la fievre, /
>
> *Nec mihi deficiat calor hic, hiemantibus annis.*
>
> Tout a*s*seché que ie *s*ui*s*, /et appe*s*anty, /, ie *s*en*s* encor(e) / quelque*s* *t*iede*s* re*s*te*s* de ce*tt*e ardeur passée[2].

Les mots de Didon prolongent les échos sonores de la prose dans le mouvement où ils trouvent prolongement métaphorique

1 *Essais*, I, 21, p. 102.
2 *Essais*, III, 5, p. 848-9, EP, pl. 768.

et dans la prose et dans les vers tandis que “valeurs”, “chaleur”, “ardeur” font écho à “calor” pour mieux ramener à la clausule l’image virgilienne et que les sonorités de plus en plus sourdes accompagnent la battue de plus en plus régulière du rythme.

Mais ce sont les vers de Virgile éponymes du chapitre qui animent sa prose de la manière la plus caractéristique :

> Elle represente ie ne sçay quel air, plus amoureux que l’amour mesme : *V*enus n’est pas si belle toute nue, & *v*ive, et haletante, comme elle est icy chez *V*irgile :
>
> *Dixerat, et niveis hinc atque hinc diva lacertis...*[1]

Ce sont bien les sonorités virgiliennes autant que le bouleversement, “vif et haletant” de son rythme qu’annonce déjà ici la prose. On retrouve tout au long du chapitre ces échanges des vers à la prose. Le mouvement de la passion, parfois sans même l’élan des vers, se “communique” à la prose, comme elle se communique de l’esprit au corps, de l’imagination à l’action, dans une démarche que décrit si bien Montaigne à la fin du chapitre, dans une prose vive et mouvementée, dont les corrections portées sur l’exemplaire de Bordeaux mettent en lumière la scansion :

> Ie n’ai point autre passion / qui me tiene en halaine. / Ce que l’avarice, l’ambition, les querelles, les procés, font à l’endroit des autres, qui comme moy, n’ont pas de vacation assignée, /l’amour le feroit plus commodéement / : Il me rendroit la vigilance /, la sobrieté, la grace, le soing de ma personne : /**R**’asseureroit ma contenance / (...) Me divertiroit de mille pensées ennuyeuses, / de mille chagrins melancholiques, / que l’oisiveté nous charge en tel aage, / et le mauvais estat de nostre santé : / Rechaufferoit, au moins en songe / ce sang que nature abandonne / : Soustiendroit le menton...[2]

---

1 *Ibid.*

2 *Ibid.*, EP pl. 811. V. 893.

Cet élan du rythme saisit la prose de Montaigne chaque fois qu'il s'agit de dire l'amour[1] :

> L'amour se fonde au seul plaisir /, Et l'a de vray plus chatouillant /, plus vif, et plus aigu : Un plaisir attizé/ par la difficulté / : Il y faut de la piqueure et de la cuison / : Ce n'est plus amour, s'il est sans fleches et sans feu [2].

... ou bien la poésie : il suffit de comparer l'élan qui s'empare de la phrase qui en traite dans "Du jeune Caton" :

> Mais la bone l'excessive la divine/ est au dessus des regles et de la raison/ (...) Elle ne pratique point notre iugement : / elle le ravit et le ravage...[3]

et celui de l'essai "Des trois commerces" :

> C'est un art follastre, et subtil, desguisé, parlier, tout en plaisir, tout en montre...[4]

ou de l'essai "De la vanité" :

> C'est une *art*, comme dict Platon, legere, vol*age*, demoni*acle* (...) O dieu que ces *gaillardes* esc*apades* /, que cett*e* *variation* *a* de beauté...[5]

Mouvement énumératif et rythme traduisent le triomphe de l'élan sur l'ordre et sur la syntaxe selon le principe même exposé dans "De la Vanité". Nous retrouvons ce même

1 Cf. par exemple II, 12, V., p. 569, pour cet élan qu'imprime à la prose la représentation des effets de la passion amoureuse.

2 *Essais*, III, 5. EP, pl. 773, cf. V, p. 854.

3 *Essais*, I, 37, EP, pl. 195, addition manuscrite de l'exemplaire, V. p. 231-2.

4 *Essais*, III, 3, EP, pl. 745, cf. aussi pl. 750, le rythme élancé sur lequel Montaigne décrit l'action de la lecture, qui est à l'image même de celui sur lequel il décrit dans "Sur des vers de Virgile" l'action qui serait celle de l'amour, (cf. *supra* pl. 811 citée) avec la même scansion soulignée par les majuscules et la ponctuation : "Cettuy -cy costoie tout mon cours, / et m'assiste par tout/ : Il me console en la vieillesse et en la solitude/ : Il me descharge du pois d'une oisiveté ennuyeuse/ : Et me deffaict à toute heure, des compaignies, qui me faschent/ : Il emousse les pointures de la douleur..."

5 V. p. 994, EP, pl. 906.

mouvement du rythme quand il s'agit non plus d'amour mais d'amitié, du chapitre éponyme aux variations sur le thème dans "De la vanité" où la description de l'amitié, au passé, est indissociable d'un élan retrouvé, qui passe par l'énumération, l'anaphore ou l'anadiplose :

> Nous nous trouvasmes si prins, si cognus, si obligez entre nous, que rien des lors ne nous fut si proche que l'un à l'autre[1].
> Nous remplissions mieux, & estandions, la possession de la vie, en nous separant. Il vivoit, il jouissoit, il voyoit pour moy, & moy pour luy, autant plainement que s'il y eust esté[2].

Et cette intrusion du passé dans le présent, du rythme haché par l'élan de l'émotion dans le rythme lent de la phrase analytique, joue le même rôle qu'ailleurs l'intrusion des vers dans la prose. La même ouverture est introduite par les vers qui envahissent la prose à la fin du chapitre "De l'amitié" que par la seule exclamation "O un amy"[3] de l'essai "De la vanité", isolée par la ponctuation et la majuscule, comme la citation de Perse, quelques lignes plus haut :

> *Excutienda damus præcordia.*

qui donne précisément le sens de ces intrusions de la poésie dans la prose, de ces glissements de la prose à la poésie.

Ces moments où l'émotion se communique à la prose, l'anime de son mouvement, restent au demeurant relativement isolés et circonscrits le plus souvent aux vers qui ne prolongent leurs ondes rythmiques, sonores dans la prose que par un effet de halo, de rayonnement relativement limité. La où la prose de Montaigne s'anime le plus fréquemment, c'est en effet dans la représentation moins de l'amour, de l'amitié, de l'indignation ou du regret que dans celle du seul mouvement. Quand

1 *Essais*, I, 28, p. 188.
2 *Essais*, III, 9, EP, pl. 888, V. p. 977.
3 *Ibid.*, EP, pl. 892, V. p. 981.

Montaigne emprunte les métaphores de la peinture et de la représentation, tel est en effet l'objet qu'il s'attribue le plus souvent, la peinture du mouvement, des mutations, des progrès de ses humeurs[1], mouvement indissociable de celui du branle du monde comme le montre bien le début du chapitre "Du repentir". Et aucun texte n'est plus exemplaire peut-être de cette démarche qui rend la prose à la poésie, en lui donnant pour vocation de rendre sensible le mouvement que ce début de chapitre lui-même. Le rythme épouse en effet ici le mouvement, le traduit, constitue la trame sur laquelle s'invente et se décrit la démarche des *Essais*. Tout concourt à introduire mouvement et déséquilibre, la cadence rythmique à dominante impaire, les glissements et les échos sonores : le e muet ne s'élide presque jamais, dans un effet de bascule rythmique d'un mot sur l'autre :

> Le mon/de n'est qu'u/ne branloi/re peren/ne : Toutes chos/es y branl/ent sans ces/se[2] :

Cet effet se prolonge dans la gradation ryhmique qui emporte le monde entier dans le branle — dans une progression inversement proportionnelle à la perspective spatiale elle-même, qui revient de la terre à un de ses monuments, du cercle à la pointe :

> La te*rr*e, les *ro*chers du Caucase, les py*ra*mides d'Ægypt(e) : Et du b*r*anle public, & du leu*r*. La const*an*ce mesme, n'est aut*r*e chose qu'un b*r*anle plus languiss*an*t.

mouvement chancelant de l'objet que traduit le mouvement chancelant de la phrase qui traduit elle-même la démarche de l'essai :

---

1 Voir par exemple le début de l'essai "De la ressemblance des enfans aux peres" : "Je veux representer le progrez de mes humeurs, & qu'on voye chaque piece en sa naissance. Je prendrois plaisir d'avoir commencé plustost, & à reconnoistre le trein de mes mutations. "

2 EP, pl. 728. Nous introduisons mais sans les souligner ici les modifications de l'exemplaire.

> Je ne puis/ asseu*re*r/ mon objet : / Il va troubl/(e) et chancel*ant*, / d'une iv*r*es/se natu*r*elle.

La représentation du mouvement du temps reprend en écho le même élan, dans la même perspective, dans un parallèle appuyé entre le rythme qui décrit la démarche de l'essai et celui qui exprime le mouvement du temps et selon un principe de variabilité permanente : du glissando des e qui interdit toute coïncidence du rythme et de la syntaxe à la coïncidence retrouvée pour plus de variété puisque chaque unité rythmique identique est scandée différemment, de même que chaque répétition lexicale entraîne une variation d'accent, comme pour traduire la transformation perpétuelle du même en autre :

> Ie ne peints/ pas l'estre. Ie peints/ le passage : Non un passa/ge d'aage en autr(e), ou comme dict le peuple, /de sept/ en sept ans : mais de iour/ en iour, de minu/t(e) en minute.

On comprend mieux en quel sens Montaigne parle un peu plus loin de "murailles sans pierres" pour définir la façon dont il bâtit ses livres[1], murailles de "pierres vives", et "fantaisies" mouvantes qui n'ont d'autre sens que de dire le "passage", dans toute sa variabilité et sa souplesse.

Une grande part de l'"Apologie de Raymond Sebon", vouée à remettre en mouvement toutes les certitudes, est elle aussi consacrée à cette représentation du mouvement, et oscille entre les passages critiques et analytiques, presque polémiques parfois nous l'avons vu, et les passages mimétiques où l'emporte la représentation de la variabilité, de l'inconstance. Et si la représentation de cette variabilité s'y annule parfois dans l'excès du rythme énumératif[2], on trouve cependant de

---

1 Et qu'il ne compare pas tout à fait par hasard à celle d'un musicien.

2 Voir par exemple p. 486 : "Mais pour revenir à mon propos, nous avons pour nostre part l'inconstance, l'irresolution, l'incertitude, le deuil, la superstition, la solicitude des choses à venir, voire apres nostre vie, l'ambition, l'avarice, la jalousie, l'envie, les appetits desreglez, forcenez et

nombreux passages où elle s'exprime non seulement à travers les citations poétiques[1] mais par la prose poétique : le texte joue ainsi quelquefois, à la manière des poèmes baroques contemporains, sur les reprises, en anaphores, anadiploses ou en chiasme, pour décrire le cercle du temps, ses courbes et ses méandres :

> La fleur d'aage se meurt et passe / quand la vieillesse survient : /& la jeunesse se termine / en fleur d'aage d'homme faict : / l'enfance en la jeunesse : /& le premier aage meurt en l'enfance : / & le iour d'hier meurt en celuy du iourd'huy, / et le iour d'hui mourra en celuy de demain : / & n'y a rien qui demeure, ne qui soit tousjours un [2].

Si la prose permet ici encore plus de souplesse que le vers et joue de l'hétérométrie pour osciller du pair à l'impair, revenir du long au plus bref jusqu'à ce que la loi implacable impose sa régularité, on ne peut s'empêcher de songer à certains vers de Sponde ou de Du Bartas décrivant l'inconstance du monde et les muances de la matière, et conjuguant eux aussi l'immuable et le variable, sur le thème des répétitions et de leurs variations :

> Et dans un mesme temps, elle reçoit à part
> Figure apres figure, en sorte qu'une face
> S'efface par le traict qu'une autre face efface[3].

Un peu plus loin c'est au contraire la fluidité du temps et de ses mouvements que la courbe de la phrase s'efforce de faire ressentir :

---

indomptables, la guerre, la mensonge, la desloyauté, la detraction et la curiosité." Le rythme énumératif est une caractéristique de ce passage qui veut montrer l'inconstance des opinions, des passions, des sentiments humains voir aussi p.456, 457, 475...

1 Voir par exemple *Essais*, II, 12, p. 566, l'échange des vers et de la prose analysé plus haut.

2 *Essais*, II, 12, EP, pl. 542, V., p. 602.

3 Du Bartas, *Première Semaine, Second Jour*, v. 224-6 (*La Semaine*, STFM, éd. Y. Bellenger, Paris, 4° tirage mis à jour, 1994, p. 48). Cf., pour ce jeu des anadiploses et des anaphores qui dessine un cercle que le poème clôt progressivement, le premier sonnet des *Sonnets sur la Mort* de Sponde.

> Car c'est chose mobile que le **temps**, / & qui apparoit comme en **ombre**, / avec la matiere coulante et fluante tousiours, / sans iamais demeurer stable ny permanente : [1]

Dans l'écho des nasales et des liquides, dans l'effet de rimes et de variations sur le mot temps, s'exprime la mobilité qu'aucun mètre ne peut apprivoiser, que seul l'enjambement, et la relance des coordinations et des allitérations, porte et emporte, dans un mouvement qui cette fois fait songer au Ronsard de l'"Hymne de la Mort" ou à Chassignet :

> Nous mourons et nos jours roulent d'un viste cours
> L'un l'autre se poussans, comme l'onde labile
> Qui ne retourne point, mais sa course mobile
> D'une même roideur precipite toujours[2].

Cette labilité s'oppose à la fin de l'Apologie, comme dans l'"Hymne de la Mort" ou de l'Eternité, comme chez Sponde et Chassignet, à l'immuabilité de l'Eternel, comme s'oppose au rythme mobile, enjambant et variable qui traduit la première, le rythme posé, scandé sur des mètres généralement pairs et régulièrement croissants qui peint la seconde :

> Parquoy il faut conclurre que Dieu seul est, / non poinct selon aucune mesure du temps, / mais selon une eternité immuable et immobile, / non mesurée par temps, / ny subjecte à aucune declinaison / : devant lequel rien n'est, / ny ne sera apres, / ny plus nouveau ou plus recent /, ains un realement estant , qui par un seul

---

1 *Essais*, II, 12, pl. 542. Cf. aussi par exemple plus haut pl. 540 où les échos sonores, l'alternance du pair et de l'impair miment glissements et instabilité. : "Finalement/, il n'a aucune constante existence, (11)/ ny de nostre estre, ny de celuy des objects : (12) Et nous, & nostre jugement, (8)/ & toutes choses mortelles, (7)/ vont coulant et roulant sans cesse. (8)"

2 Chassignet *Le Mespris de la vie*, Sonnet CCLIV, 2° quatrain (*Le Mespris de la vie...*, TLF, éd. J. Lope, Genève, Droz, 1967, p. 305) ; cf. le passage célèbre de l'"Hymne de la Mort" de Ronsard : "Ainsi le temps se coulle, & le present faict place/ Au futur importun qui les tallons luy trace : /Ce qui fut se refaict, tout coulle comme une eau..." (v. 323-325, dans Ronsard *Œuvres complètes*, éd. P. Laumonier, STFM, Paris, Didier, T. VIII, 1963, p. 178).

maintenant emplit le tousiours, & n'y a rien, qui veritablement soit, que luy seul [1].

Or ces différents passages de l'Apologie, modèles d'écriture mimétique, sont mot à mot repris à la traduction d'Amyot[2]. Mais là où Amyot poursuit sa phrase à la suite de Plutarque, multipliant les relatives et les conjonctives dans un mouvement qui rend la mimesis à la démonstration et surtout ne dissocie pas les deux moments, Montaigne lui élit et isole le passage mimétique, pour fractionner la démonstration suivante en une série de phrases courtes. Et la ponctuation de l'exemplaire scande explicitement ce que la prose d'Amyot intègre dans un continuum[3]. Comme si tout le travail de Montaigne consistait à extraire de la prose "unie et æquable" d'Amyot les passages proprement poétiques, à les consacrer tels en les isolant, et en leur donnant un statut quasi identique à celui de la citation poétique de Lucrèce[4], elle aussi vouée à la représentation du mouvement du temps[5].

---

1 *Essais*, II, 12, EP, pl. 543. cf "l'Hymne du ciel" : "Tu n'as en ta grandeur commencement, ne bout/ Tu es tout dedans toy, de toutes choses tout..." (*op. cit.*, p. 147, v. 87-88), ou "Hymne de l'Eternité" pour le jeu de négation et de reprises : "Tu es toute dans toy, ta partie, & ton tout, / Sans nul commencement, sans meillieu, ne sans bout, / Invincible, immuable, entiere, & toute ronde ;/ N'ayant partie en toy, qui dans toy ne responde, / Toute commencement, toute fin, tout meillieu, / Sans tenir aucun lieu, de toutes choses lieu." (*Ibid.*, p. 254, v. 127 et s.)

2 "Ce que signifioit le mot Ei" in *Les Oeuvres morales et meslées de Plutarque*, Paris, 1572, p. 357.

3 Voir en particulier comment le premier passage cité ("la fleur d'aage se meurt et passe...") se prolonge en une série de comparaisons et de considérations (Plutarque, *op. cit. ibid.*) dont la phrase de Montaigne ne reprend le mouvement que lorsqu'il redevient mimétique, animé par la relance interrogative.

4 Cf. la façon dont Marie de Gournay rapproche constamment dans sa "Deffence de la poesie et du langage des poëtes", Ronsard, Du Bellay & Amyot (in *Les advis ou les presens de la demoiselle de Gournay*, Paris, 1641, voir par exemple, p. 419, 433, 442, 454-5, 458).

5 *Essais*, II, 12, V. p. 602 : "*Mutat enim mundi naturam totius ætas/ Ex alioque alius status excipere omnia debet...*"

Cette représentation du mouvement naît ainsi souvent de l'interférence des vers et de la prose. Nos analyses précédentes ont permis d'en donner l'idée, et nous nous contenterons de quelques exemples, tel ce passage de l'essai "De la vanité", où la prose de Montaigne, d'une citation de Lucain à l'autre, d'une évocation historique à une image naturelle, de l'évocation d'un désordre qui fonde l'ordre à celle d'une instabilité qui fonde la stabilité, s'efforce de nous rendre perceptible cette limite entre la permanence et l'impermanence, la continuité et la rupture qui est l'objet même que poursuit dans son entrelacs compliqué de motifs le chapitre entier :

> *nec gentibus ullis*
> *Commodat in populum terrae pelagique potentem,*
> *Invidiam fortuna suam*[1].
>
> *T*out ce *q*ui br**a**n**l**e ne *t*o**m**be pas. La *c*on*t*ex*t*ure *d*'un si gr**a**n**d** *c*orps *t*i**e**n**t** à plus *d*'un *c*lou. Il *t*i**e**n**t** mesme par son **a**n*t*i*qu*ité : *C*omme les vieux bas*t*i**m**en**s**, aus*qu*els l'aage a desrobé le pied, s**a**n**s** *c*rous*t*e et sans cym**e**n**t**, *q*ui pourt**a**n**t** viven*t* & se sous*t*iennent **e**n leur propre poix,
>
> *nec iam validis radicibus hærens,*
> *Pondere tuta suo est*[2].

Tout repose ici sur l'oscillation du pair à l'impair, sur le continuum des sonorités et la variation rythmique, qui rendent mieux encore que les disjonctions des vers latins, la tension des termes antithétiques. Un peu plus loin, c'est la seule instabilité que le texte, comme dans l'Apologie, semble s'efforcer de rendre, tout en se consacrant à représenter et à définir une écriture de la fidélité à cette instabilité même, dans une démarche, guère différente de celle que nous venons d'observer mais réflexive cette fois :

---

1 *Essais*, III, 9, EP, pl. 873 ; V. p. 960 :"Et la fortune ne confie à aucune nation le soin d'assouvir sa haine contre un peuple maître de la terre et de la mer."

2 *Ibid.* :"Il n'est plus fixé à la terre par de solides racines, son poids seul fait qu'il tient."

> La vie est un mouvement materiel & **corporel, Action imparfaite de sa propre essence, et desreiglée : ie m'emploie à la servir selon elle.**
>
> *Quisque suos patimur manes.*
>
> [...] A quoy faire, ces pointes eslevées de la philosophie, **sur lesquelles, aucun estre humain ne se peut rassoir : & ces regles qui excedent nostre usage et nostre force**[1]?

Les deux phrases qui précèdent la citation se développent en débordant constamment leur cadre : la première proposition pourrait se scander "La vie est un mouvement materiel / et corporel" donnant ainsi le modèle du principe de relance et d'hyperbate que prolonge la deuxième proposition et que met surtout à profit la phrase qui suit la citation pour déstabiliser la syntaxe, dans une démarche que souligne la ponctuation de l'exemplaire de Bordeaux. Et l'on comprend aussi comment Montaigne s'applique à servir ce mouvement, à en exprimer la moindre variation et le moindre dérèglement. D'où la souplesse extrême de la prosodie des *Essais,* d'où la convergence de tous les moyens, la ponctuation, la syntaxe, et toutes les figures qui s'y rattachent, l'hyperbate autant que l'asyndète, l'inversion autant que l'antithèse, et les sonorités et le rythme, au service de cette mimesis du mouvement sous toutes ses formes. La phrase de Montaigne s'efforce en effet de rendre sensible aussi bien le mouvement cosmique que le désordre historique, celui provoqué par les guerres de religion par exemple :

> *Hostis adest dextra leuaque a parte timendus,*
> *Vicinoque malo terret utrumque latus.*
>
> Monstrueuse guerre : **Les autres agissent au dehors ; cette-cy encore contre soy /, se ronge et se desfaict/ par son propre venin**[2].

La citation latine qui semble s'appliquer d'abord au tableau que vient de brosser Montaigne de sa propre situation, introduit

1 *Ibid.,* EP, pl. 900. V. 989. Ici nous mettons en caractères gras les corrections de la main de Montaigne.

2 III, 12, EP, pl. 949, V. p. 1041.

en même temps l'analyse qui suit, annonce l'*utrumque latus* de la guerre extérieure et intérieure, qu'elle décrit et dont la syntaxe et le rythme, non seulement par le jeu des antithèses et des balancements, mais dans leur mouvement même traduisent le déséquilibre : La première phrase peut en effet d'abord se lire comme culminant sur "contre soy" dans un balancement antithétique que semble confirmer la première ponctuation de l'exemplaire et l'équilibre rythmique. Mais selon la ponctuation ajoutée et le sens de l'ensemble, le complément "contre soy" devient une antéposition, renvoie à ce qui suit dans un processus de déstabilisation qui mime exactement le processus que décrit ici Montaigne. Quelques lignes plus loin, ce sont les asyndètes, la ponctuation pressée, hachée par les majuscules, — non sans que le système des relances parallèles ou croisées ne vienne confirmer ce que martèlent les antithèses — qui viendront représenter non plus le mouvement du déséquilibre mais son résultat paradoxal, et là encore, c'est peut-être le retour du long au bref, du pair à l'impair qui traduit le mieux l'irrémédiable rupture :

> Toute discipline la fuyt. Elle vient guarir la sedition, & en est pleine : Veut chastier la desobeyssance, & en montre l'exemple : Et employée à la deffence des loix, faict sa part de rebellion/ à l'encontre des siennes propres/. Où en sommes nous ? / Nostre medecine / porte infection.

Enfin il faudrait faire ici la part de la représentation des "bransles de l'ame"[1] : "Je ne fais qu'aller et venir, mon jugement ne tire pas toujours en avant, il flotte, il vague...[2]" Tout portrait s'anime ainsi peu à peu, devient mouvant, au fur et à mesure qu'il s'approfondit ; le meilleur exemple en est le célèbre portrait de l'essai "De la præsumption" :

1 Pour l'expression voir par exemple "De la præsumption" p. 633.
2 *Essais*, II, 12, p. 566.

> I'ay au demeurant la taille forte & ramassée ; le visage, non pas gras, mais plein : la complexion entre le iovial et le melancholique, moiennement sanguine & chaude, [...] I'estois tel, car ie ne me considere pas à cette heure, que ie suis engagé dans les auenuës de la vieillesse, ayant pieça franchy les quarante ans :
>
> [B] *minutatim vires & robur adultum*
> *Frangit, & in partem peiorem liquitur aetas*[1].
>
> [A] Ce que ie seray doresenavant / ce ne sera plus qu'un demy estre : / ce ne sera plus moy, / Ie m'eschape tous les jours, / & me derobe à moy,[2]
>
> *Singula de nobis anni praedantur euntes*[3].

Portée par les anaphores, les échos en homéotéleutes du pronom personnel, la phrase se fragmente dans une oscillation du pair à l'impair que confirme en 1588 le décalage du mètre à la syntaxe du vers de Lucrèce, et sur le contrepoint ainsi dès lors ménagé du mouvement du temps traduit par les vers (où *ætas* et *anni* sont sujets) et du mouvement du sujet traduit par la prose (dans son altération même, dans ce dialogue instauré de l'indéfini au personnel, du sujet à l'objet). Les portraits que brosse Montaigne deviennent toujours des portraits en mouvement :

> Moy à cette heure et moy tantost sommes bien deux ; mais quand meilleur, je n'en puis rien dire. Il feroit beau estre vieil si nous ne marchions que vers l'amendement. C'est un mouvement d'yvroigne titubant, vertigineux, informe, ou des joncs que l'air manie casuellement selon soy[4].

Ainsi Montaigne s'efforce-t-il de restituer l'action du temps. S'agit-il de décrire son goût pour la lecture dans l'essai "Des trois commerces", il l'inscrit aussitôt dans le mouvement du temps :

---

1 *Essais*, II, 17, EP, pl. 576, V., p. 641-2 :"Peu à peu les forces et la vigueur de la maturité sont brisés par l'âge et le déclin commence." (Lucrèce)

2 Montaigne a ici rayé sur l'exemplaire de Bordeaux "mesme" qui aurait rompu parallélisme et decrescendo.

3 "Un à un tous nos biens nous sont dérobés par les années qui passent." (Horace, *Odes*) *ibid.*

4 III, 9, V. p. 964 ajout [C]. Cf. par exemple II, 1, pl. 277.

> Ie ne voyage sans livres, ny en paix, ny en guerre. /Toutesf*ois* / il se passera plusieurs iours, / & des m*oi*s, / sans que ie les empl*oye* / : Ce sera tantost, fais-ie, / ou demain, / ou quand il me plaira / : Le temps court/ & s'en va/ cependant, sans me blesser. Car il ne se peut dire combien ie me repose, & seiourne, en cette consideration, qu'ils sont à mon costé pour me donner du plaisir à mon heure :[1]

La phrase progressivement s'anime, épouse le mouvement rapide et alterné des mètres longs ou brefs, pairs ou impairs, que soulignent les ponctuations de l'exemplaire de Bordeaux, pour retrouver à nouveau la lenteur et la sinuosité de l'analyse. Un peu plus loin c'est son usage des livres, que Montaigne inscrit dans le temps, sur un rythme rapide que souligne là aussi l'exemplaire :

> Ie vis du iour à la iournée, Et parlant en reverence, ne vis que pour moy : Mes desseins se terminent là. I'estudiay jeune, pour l'ostentation : Depuis, un peu, pour m'assagir : A cette heure, pour m'esbatre. Iamais, pour le quest[2].

Tout essai d'approche, de description et d'élucidation du comportement humain reconduit ainsi systématiquement à la représentation de tout ce qui le met en branle selon les termes que décrit fort bien Montaigne lui-même, négativement, dans l'essai "De la præsumption" :

> ... car en l'estude que je fay, duquel le subject c'est l'homme, trouvant une si extreme varieté de jugemens [...] vous pouvez penser, puisque ces gens là [...] **ne sçavent comment branle ce qu'eux mesmes font bransler, ny comment nous peindre et deschiffrer les ressorts qu'ils tiennent et manient eux mesmes,** comment je les croirois de la cause du flux et reflux de la riviere du Nile[3].

Il s'agit bien de représenter et déchiffrer tour à tour comment "bransle ce que nous mesmes faisons bransler".

1 *Essais,* III, 3, EP, pl. 751, V. p. 827.
2 *Ibid.*, V. p. 829.
3 *Essais*, II, 17, p. 634. C'est nous qui soulignons.

Ainsi quand Montaigne s'efforce de décrire "les ressorts qui manient" son rapport à autrui, traduit-il par le rythme le mouvement qui le jette vers les autres, comme celui qui le ramène à lui-même, dans une convergence caractéristique des images et du rythme, dans une alternance d'élans et de retours :

> Ie suis tout au dehors & en evidence, **N**ay à la societé & a l'amitié **: L**a solitude que j'ayme & que je presche **: c**e n'est principallement, que ramener à moy mes affections, & mes pensées **: R**estreindre & resserrer, non mes pas, ains mes desirs & mon souci **: R**esignant la solicitude estrangere, **E**t fuyant mortellement la servitude, & l'obligation, **E**t non tant la foule des homes, que la foule des affaires. La solitude locale, a dire verité, m'estand plustost, & m'eslargit au dehors **: I**e me jette aux affaires d'estat, & a l'univers, plus volontiers quand ie suis seul. Au Louvre & en la foule, je me resserre & contraincts en ma peau **: L**a foule me repousse a moy[1].

Et ce n'est qu'à la suite de ce passage descriptif que l'analyse reprend ses droits[2]. Peinture et déchiffrement jouent ainsi sur tous les registres de l'expression prosaïque et poétique pour rendre les "bransles de l'âme" dans toute leur complexité et leur diversité, mais cette alternance de deux modes d'approche traduits par deux modes d'expression fait elle-même partie intégrante d'un principe de variation beaucoup plus large et généralisé. C'est ce qu'il nous reste à illustrer, ou du moins, ce dont il nous reste à donner l'idée pour mesurer le rayonnement et la portée de cette conjugaison de la prose et des vers.

---

1 *Essais*, III, 3, EP, pl. 746, nous avons porté en gras les corrections de l'exemplaire. V. p. 823.

2 Voir la suite pour le retour à la phrase longue et analytique, et le recours à l'expérience passée.

TROISIÈME PARTIE

"SI FAUT-IL CONDUIRE LA CORDE À TOUTE SORTE DE TONS"

nam neque chorda sonum reddit quem volt manus et mens

Horace *Ep. Ad Pis*, v. 348

CHAPITRE I

Modes, genres et tons

"Le monde n'est que varieté et dissemblance" selon l'incipit de l'essai "De l'ivrognerie" (II, 2)[1], tout comme l'âme est "variable en toute sorte de formes... Pourtant la faut-il estudier et enquerir" (I, 14)[2] ; "Si faut-il conduire la corde à toute sorte de tons[3]" (II, 17). Ainsi se dessine le lien de l'objet à la démarche et de l'enquête au style : "Quand j'entreprendroy de suyvre cet autre stile æquable, uny et ordonné, je n'y sçaurois advenir[4]."

La variation d'un mode d'expression à l'autre, la prose et la poésie, est indissociable de celle qui reconduit d'un ton à l'autre, le haut et le bas[5], d'un genre à l'autre : d'un processus de variation permanente des ressources même de la prose, discours, récit, dialogue, comme des ressources propres de la poésie, lyrique, épique, dramatique ; et nous retrouvons ici l'idée d'un ordre non pas hiérarchique mais analytique, tel que l'expose "De l'art de conferer"[6] autant que la conception du style de l'essai "De l'institution des enfans" : "chaque lopin y face son corps.[7]" Ainsi les mots qui énoncent la variété et la

1 *Essais,* V. p. 339.

2 *Essais,* V. p. 57, cf. II, 12, p. 559 : "Nostre esprit est un util vagabond, dangereux et temeraire ; il est malaisé d'y joindre l'ordre et la mesure."

3 *Essais,* V. p. 638.

4 *Ibid.*

5 Voir tout le développement dans cette même page de "De la præsumption" sur le superficiel et le profond, mais aussi la "basse façon, et populaire, de dire et traiter les choses" de Xénophon et Platon.

6 Voir sur ce point les analyses d'André Tournon dans *La glose et l'essai, op. cit.* p. 124 et s.

7 Sur le lopinisme des *Essais* voir Floyd Gray, *Le style de Montaigne*, Paris, Nizet, 1958.

dissemblance du monde et des points de vue que nous portons sur lui peuvent-ils s'appliquer terme à terme au style même employé pour le dire[1] :

> [A]Nous avons poursuivy avec resoluë volonté la vengeance d'une injure, et resenty un singulier contentement de la victoire, nous en pleurons pourtant ; ce n'est pas de cela que nous pleurons ; il n'y a rien de changé, mais nostre ame regarde la chose d'un autre œil, et se la represente par un autre visage : car **chaque chose a plusieurs biais et plusieurs lustres**. La parenté, les anciennes accointances et amitiez saisissent nostre imagination et la passionnent pour l'heure, selon leur condition ; mais leur contour en est si brusque, qu'il nous eschappe
>
> [B]*Nil adeo fieri celeri ratione videtur*
> *Quam si mens fieri proponit et inchoat ipsa.*
> *Ocius ergo animus quam res se perciet ulla,*
> *Ante oculos quarum in promptu natura videtur*[2].
>
> [A]**Et, a cette cause, voulans de toute cette suite continuer un corps, nous nous trompons**. Quand Timoleon pleure le meurtre qu'il avoit commis d'une si meure et genereuse deliberation, il ne pleure pas la liberté rendue à sa patrie, il ne pleure pas le Tyran, mais il pleure son frere. L'une partie de son devoir est jouée, laissons luy en jouer l'autre[3].

On passe du récit au discours, et à une esquisse de dialogue en passant de l'exemple à son commentaire, pour revenir pour finir à l'incarnation historique de l'exemple premier, conjugué à un présent qui le dramatise, met sous nos yeux ses pleurs, dans

---

1 C'est ainsi que Montaigne renouvelle et s'approprie le principe même de la *varietas* poétique (sur *varietas* et "entremêlement" des tons voir à nouveau J. Lecointe, *loc. cit.* p. 47 et s.).

2 "On ne voit rien si prompt que la pensée et que l'action de l'esprit. L'âme est donc plus mobile que tout ce qui tombe sous nos regards et que la nature nous met sous les yeux." (Lucrèce)

3 *Essais*, I, 38, p. 235-6. C'est nous qui soulignons. Cf. aussi par exemple III, 3 le développement sur "l'ame à divers estages" dont le discours doit s'adapter à toute situation et tout interlocuteur et dont la définition est étagée par le style, le jeu des ponctuations et des anaphores. EP, pl. 743-4, V. p. 821, ou III, 13, V. p. 1077-8 et aussi II, 10, pl. 340 pour le développement de la métaphore des "lustres" en comparaison : "Tout ainsi que pour juger du lustre de l'escarlate, on nous ordonne de passer les yeux par dessus, en la parcourant à diverses veuës, soudaines reprinses, & réiterées."

le mouvement où la prose de Montaigne reconduit en 1588 aux vers de Lucrèce. On ne peut en effet "de toute cette suite continuer un corps", et de fait une des constantes du style de Montaigne est sa vocation anaphorique[1], sa tendance à se décliner sur le mobile des "tantost", "tantost" ou des "Et" en hyperbate et en majuscule — l'exemplaire de Bordeaux met en majuscule de manière privilégiée les coordinations, interrompant, brisant la ligne, pour mieux relancer sur une autre piste l'enquête, pour mieux explorer chaque "biais" et chaque "lustre". Nous n'en donnerons qu'un exemple, tant il faudrait ici non seulement longuement mais multiplement citer :

> Ceux qui ont faict Venus Deesse, ont regardé que sa principale beauté estoit incorporelle & spirituelle, Mais celle que ces gens cy cerchent, n'est pas seulement humaine, Ny mesme brutale : Les bestes ne la veulent si lourde & si terrestre. *Nous voyons* que l'imagination & le desir les eschauffe souvent, & solicite avant le corps : *Nous voyons* en l'un & l'autre sexe, qu'en la presse, elles ont du chois & du triage en leurs affections, Et qu'elles ont entre elles des accointances de longue bienveillance. Celles mesmes à qui la vieillesse refuse la force corporelle, fremissent encores, hannissent & tressaillent d'amour. *Nous les voyons* avant le faict pleines d'esperance et d'ardeur : Et quand le corps a joué son jeu, se chatouiller encor de la douceur de cette souvenance : *Et en voyons* qui s'enflent de fierté au partir de là, & qui en produisent des chants de feste & de triomphe : lasses et saoules. Qui n'a qu'à descharger le corps d'une necessité naturelle, n'a que faire d'y embesongner autruy, à tout des apprests si curieux : Ce n'est pas viande à une grosse & lourde faim. Comme celui qui ne demande point qu'on me tienne pour meilleur que ie suis, ie diray cecy des erreurs de ma ieunesse : (...) I'ay voulu esguiser ce plaisir par la difficulté, par le desir & par quelque gloire : Et aymois la façon de l'empereur Tibere, qui se prenoit en ses amours, autant par la modestie et noblesse, que par autre qualité : Et l'humeur de la courtisane Flora, qui ne se prestoit à moins que d'un dictateur, ou consul, ou censeur, & prenoit son déduit, en la dignité de ses amoureux : Certes les perles & le brocardel, y conferent quelque

1 Voir sur ce point les belles pages de M.-L. Demonet dans son article, "Question douteuse : le langage II", *B. S. A. M.* n° 17-18, janvier-juin 1984, p. 31-37.

> chose, **Et les tiltres & le trein. Au demeurant** je faisois grand conte de l'esprit...[1]

Ainsi Montaigne décline-t-il son étude du sentiment amoureux sous tous ses "lustres", en variant les points de vue (les "gens" qui séparent Vénus et Cupidon, les animaux, le moi, l'empereur Tibère, la courtisane Flora) en multipliant les échanges et les rappels de l'un à l'autre (de "lasses et saoules" au *lassata et nondum satiata* juvénalien cité dans "Sur des vers de Virgile[2]), et sous tous ses "biais" : du général au personnel, de l'analyse à la représentation[3], et de l'exemple historique ou personnel au passé à leur commentaire au présent, le tout porté par la relance anaphorique et le jeu des coordinations en hyperbate, non sans que cette déclinaison même ne nous ramène sans cesse du haut au bas, des bêtes aux hommes, d'un empereur à une courtisane.

Ailleurs la relance passe plus nettement encore par l'alternance du dialogue, du récit et du discours : ainsi dans presque tout l'essai "Que le goust des biens et des maux depend en bonne partie de l'opinion que nous en avons" dont le seul titre est programmatique d'une démarche[4]. Ainsi dans "Que philosopher c'est apprendre à mourir" :

---

1 *Essais*, III, 3, EP pl. 749, sont portées en caractères gras les corrections manuscrites, est soulignée l'anaphore. V., p. 826.

2 Cf. *Essais*, III, 5, V. p. 854 cf. aussi p. 882, 885, 880, cf. même l'écho du "descharger le corps " à "descharger ses vases" (p. 877).

3 Voir l'élan du rythme porté par l'anaphore et les échos sonores : "Celles-mesmes à qui la vieillesse (8)/ re*f*usent la *f*orce *c*orpore*ll*e (8)/*f*rem*issent* encores (4)/, hann*issent* et tressaillent d'amour (8). Nous les voyons avant le faict (8)/ pleines d'esper*ance* et d'ard*eur* (8)/ : Et quand le c*or*ps a joué son jeu (8)/ se chatouiller en*cor* (6)/ de la douc*eur* de cette souven*ance* (10)."

4 *Essais*, I, 14. Voir par exemple les premières pages, EP, pl. 34, 36-38 qu'il serait beaucoup trop long de citer ici pour la relance anaphorique sur les coordinations qui portent l'alternance d'un point de vue à l'autre et du discours au récit ou au dialogue, dont l'intrusion dans le discours est usuellement

> D'avantage, pauvre fol que tu es, qui t'as estably les termes de ta vie ? Tu te fondes sur les contes des medecins. Regarde plustost l'effect et l'experience. Par le commun train des choses, tu vis pieça par faveur extraordinaire. Tu as passé les termes accoustumez de vivre : Et qu'il soit ainsi, conte de tes cognoissans, combien il en est mort avant ton aage, plus qu'il n'en y a qu'ils l'ayent atteint : Et de ceux mesme qui ont annobli leur vie par renommée, fais en registre, & j'entreray en gageure, d'en trouver plus, qui sont morts, avant, qu'apres trente cinq ans. Il est plein de raison, & de pieté, de prendre exemple de l'humanité mesme de Iesus-Christ : or il finit sa vie à trente & trois ans. Le plus grand homme, simplement homme, Alexandre, mourut aussi à ce terme. Combien a la mort de façons de surprise ?
>
> *Quid quisque vitet, numquam homini satis*
> *Cautum est in horas*[1]
>
> Ie laisse à part les fiebvres & les pleuresies. Qui eust iamais pensé qu'un Duc de Bretaigne deust estre estouffé de la presse (...) N'as tu pas veu tuer un de nos roys en se iouant : Et un de ses ancestres mourut il pas choqué par un pourceau...[2]

Le dialogue redevient discours puis recourt aux exemples narrés tour à tour au présent et au passé sur un rythme de plus en plus accéléré, bien rendu par la ponctuation, qui mime, plus encore que la multiplicité des "surprises de la mort", le mouvement irrépressible qui emporte toute chose aussi bien que l'enjambement ou l'inversion des vers horatiens. La multiplication des lignes de fuite du discours, vers le dialogue, vers le récit, vers la sentence (via les vers d'Horace, ou le style formulaire à la manière d'un titre "Combien a la mort de façons de surprise") passe ici par l'interférence de la prose et des vers :

> Qui a apris à mourir, il a desapris à servir.... Paulus Aemilius respondit à celuy, que ce miserable Roy de Macedoine son prisonnier luy envoyoit, pour le prier de ne le mener pas en son

marquée au XVI° non par l'usage des guillemets mais par celui des majuscules à l'initiale.

1 "L'homme ne peut jamais bien prévoir les dangers de chaque heure à éviter." (Horace *Odes*)

2 *Essais*, I, 20, EP, Pl. 60, V. p. 84-5.

> triomphe, Qu'il en face la requeste à soy mesme. A la verité en toutes choses si nature ne preste un peu, il est mal-aisé que l'art & l'industrie aillent guiere avant. Ie suis de moy-mesmes non melancholique, mais songecreux : Il n'est rien de quoy ie me soye des tousiours plus entretenu que des imaginations de la mort : Voire en la saison la plus licentieuse de mon aage,
>
> [B] *Iucundum cum ætas florida ver ageret*[1].

Du style formulaire au récit historique, du récit au discours direct, le texte revient ainsi progressivement du général au particulier, sur le fil d'une citation lyrique ajoutée en 1588. La suite développe le thème élégiaque de la fuite du temps[2] sur un rythme progressivement mimétique :

> Ny la santé, que i'aye iouy jusques à present tresuigoureuse & peu souvent interrompue, ne m'en alonge l'esperance, / ny les maladies / ne me l'acourcissent. / A chaque minute / il me semble que ie m'eschape.

Les pages suivantes continuent sur le même modèle, dans le même entrecroisement de modes et de genres pour revenir du dialogue au discours, du nous au je :

> (...)Quelcun feuilletant l'autre iour mes tablettes, trouvant un memoire de quelquechose, que ie vouloy estre faite apres ma mort : Ie luy dy, comme il estoit vray, que n'estant qu'à une lieuë de ma maison & sain &gaillard, je m'estoy hasté de l'escrire là (...) [C] Come celluy qui continuellement me couve de mes pensées, et les couche en moy, Ie suis à tout'heure preparé environ ce que ie puis estre[3].

Puis à nouveau on revient du discours didactique au dialogue, d'abord indirect puis direct *via* les citations que le texte convertit à la polyphonie dramatique, dont le rythme et les anaphores crée la concomitance[4], puis à l'expression lyrique

---

1 *Ibid*, pl. 63, V. p. 87.

2 Que relance en 1588 la citation lucrécienne : "*Iam fuerit, nec post unquam revocare licebit.*"

3 *Ibid.*, pl. 64, V. p. 88.

4 Les anaphores sont soulignées par les majuscules de scansion de l'Exemplaire, comme pour une distribution de rôles théâtrale ; quant au

(ovidienne) dont la paraphrase à la première personne souligne ici l'humour :

> Il faut estre tousiours boté et prest à partir, en tant qu'en nous est : Et surtout se garder qu'on aye lors affaire qu'à soy [...] L'un se pleint plus que de la mort, dequoy elle luy rompt le train d'une belle victoire : L'autre qu'il luy faut desloger avant qu'avoir marié sa fille [...]
>
> [B] *miser ô miser aiunt, omnia ademit*
> *Una dies infesta mihi tot præmia vitæ.*
>
> [A] Et le bastisseur
>
> *manent* (dict-il) *opera interrupta, minaeque*
> *Murorum ingentes.*
>
> Il ne faut rien desseigner de si longue haleine, ou au moins avec telle intention de se passionner pour n'en voir la fin. Nous sommes nez pour agir
>
> *Cum moriar, medium solvar & inter opus.*
>
> Ie veux qu'on agisse/ [C]et qu'on alonge les offices de la vie tant qu'on peut/ : et [A] que la mort me treuve plantant mes chous/ : mais nonchalant d'elle/ et encore plus de mon iardin imparfait[1].

Car le mélange des genres et des modes joue ici aussi de manière ouverte sur le mélange des styles, des murailles de l'épopée au planteur de choux humblement bucolique — qui signale pour nous une rupture de ton d'autant plus marquée que nous y entendons des échos rabelaisiens[2] — en passant par le jeu sur les *Amores* d'Ovide, dans un mouvement que marque bien le passage du rythme énumératif et anaphorique au rythme

---

rythme, il ne crée pas seulement ici un parallélisme entre les différentes attitudes des uns, des autres et de Montaigne, entre les différentes scènes, par la reprise du même schéma binaire, mais il traduit le mouvement irrépressible dans lequel toutes ces actions sont prises (voir en particulier comment la suppression de la phrase qui précédait dans le texte de 1588 la citation d'Ovide va dans le sens des effets d'accélération et de rupture).

1 *Ibid.*, pl. 64-5, l'ajout manuscrit de l'exemplaire marque bien la façon dont le glissement d'un registre à l'autre s'opère par la relance rythmique, par la double hyperbate qu'il introduit.

2 Cf. outre le chapitre XXXII de *Pantagruel*, le chapitre XVIII du *Quart Livre* pour la variation "géorgique" de Panurge (*o fortunatos nimium... agricolas*) sur la plainte du héros épique, Ulysse ou Enée, au cœur de la tempête : "O que trois et quatre foys heureux sont ceux qui plantent choux!"

syncopé qui fait alterner longueur et brièveté, pair et impair, pour mieux ménager l'effet de chute.

Tout le texte joue de cette multiplication des approches, des "biais", des points de vue pour poursuivre et relancer l'enquête et procède presque systématiquement de cette variation de modes, de genres, de tons. On pourrait ici donner d'autres exemples[1], nous nous attarderons seulement un peu sur le dernier chapitre des *Essais*. Montaigne y fait la théorie de la diversité des cordes, reprenant ses propos sur "toute sorte de tons" pour les approfondir. Il faut citer la page entière pour n'en rien perdre et pour saisir à quel point elle illustre son propos :

> Quelqu'un en certaine eschole grecque, parloit haut comme moy. Le maistre des ceremonies luy manda qu'il parlast plus bas : Qu'il m'envoye, fit-il, le ton auquel il veut que ie parle : L'autre luy replica, qu'il print son ton des oreilles de celuy à qui il parloit. C'estoit bien dict : pourveu qu'il s'entende, parlez selon ce que vous avez affaire à vostre auditeur : Car si c'est à dire : suffise vous qu'il vous oye, ou reglez vous par luy : ie ne trouve pas que ce fut raison. Le ton et mouvement de la voix a quelque expression, & signification de mon sens : c'est à moy à le conduire pour me representer. Il y a voix pour instruire, voix pour flater, ou pour tancer. Ie veux que ma voix non seulement arrive à luy, mais à l'avanture, qu'elle le frape, & qu'elle le perse. Quand ie mastine mon laquay, d'un ton aigre & poignant, il seroit bon qu'il vint à me dire, mon maistre parlez plus doux, ie vous oys bien. [C] *Est quaedam vox ad auditum accommodata, non magnitudine, sed proprietate.* [B]La parole est moitié à celuy qui parle, moitié à celuy qui l'escoute. Cettuy-cy se doibt preparer à la recevoir, selon le branle qu'elle prend : Comme entre ceux qui iouent à la paume, celuy qui soustient, se desmarche & s'apreste, selon qu'il voit remuer celuy qui luy iette le coup : & selon la forme du coup[2].

Nous retrouvons tous les éléments désormais familiers, le ton, le mouvement, la représentation, l'action, et même la métaphore

---

1 Voir par exemple EP, pl. 576, 587-8, et cf. nos analyses *supra*.

2 *Essais*, III, 13, EP, pl. 992, V. p. 1087-8.

du langage qui “frappe” et “perse” et point, déjà employée par Montaigne à propos de la poésie. Et dans ce texte qui revient du récit au dialogue, du discours à la description, Montaigne décline les différents effets de la parole, “selon ses branles” : instruisant et tançant tour à tour le lecteur[1], l’éclairant sur la démarche des *Essais*, lui imposant la réceptivité nécessaire, le préparant à recevoir la parole, “selon le bransle qu’elle prend”, “selon la forme du coup”. Et le texte lui-même “represente” parfaitement son propos, par sa vivacité, grandement augmentée par les multiples ponctuations de l’exemplaire, qui mime ce mouvement même dont il s’agit, dans la diversité de ses formes : de l’exemple (qui est toujours discours dans le discours, mise en scène de la parole) au précepte, développé sur un rythme alterné (ternaire pour la variété, binaire pour la spécularité de la parole et du sens, du locuteur et de l’auditeur). On mesure à quel point on est loin de l’interprétation donnée habituellement à la formule “la parole est moitié à celuy qui parle, moitié à celuy qui l’escoute”, loin d’une égale liberté du lecteur et de l’auteur. Ce qui est en jeu ici c’est l’efficacité du discours et la diversité de ses bransles et de ses formes, la force avec laquelle elles s’imposent au destinataire. C’est ce que nous semble illustrer le dernier chapitre, qui se développe entièrement dans un mouvement d’aller-retour du sujet à l’objet, du corps à l’âme, du général au particulier, comme du discours au récit et à la description. On retrouve d’ailleurs une page plus loin cette notion de diversité exprimée de manière exemplaire dans une comparaison empruntée au domaine de l’art, dans un glissement des divers tons de la parole quotidienne aux divers tons musicaux :

---

1 Voir le caractère didactique des définitions (“Il y a...”) et impérieux des formulations (“c’est à moy... Ie veux que ma voix... Cettuy-cy se doibt preparer...”)

> Nostre vie est composée, comme l'armonie du monde de choses contraires, aussi de divers tons, douz et aspres, aigus et plats, mols et graves. Le musicien qui n'en aymeroit que les uns, que voudroit il dire ? Il faut qu'il s'en sache servir en commun : & les mesler[1].

M. Baraz a mis en lumière le caractère silénique de ce dernier chapitre et la diversité de ses tons et de ses styles, il suffira donc d'analyser comment s'y associe la diversité des genres et des modes : tout repose ici sur la relance en hyperbate du "& les mesler". Il est vrai que la variété des tons est d'abord ce qui frappe : elle passe par le dédoublement du moi, auquel l'esprit s'adresse en un style tour à tour haut et bas, des considérations sur la cholique à une méditation sur la mort qui rappelle la grande prosopopée finale de l'essai I, 20, et se développe sur un rythme ample, tour à tour croissant et décroissant, comme pour mieux atténuer toute violence, diluer la maladie dans le temps :

> Considere combien artificielement & doucement/, elle te degouste de la vie/, & desprend du monde/ : Non te forçant, d'une subjection tyrannique (... .) : Mais par advertissemens, / & instructions reprises à intervalles / : entremeslant des longues pauses de repos /, comme pour te donner moyen de mediter /, & repeter sa leçon à ton ayse[2].

Est évident le contraste voulu avec le début du discours, tout d'humour et de burlesque, bien souligné par les effets de mise en abîme du dialogue, de prise à partie du lecteur, et par le rythme vif, haché de ponctuations et de relances multiples, qui met en lumière l'ironie du style indirect libre :

> Vous en plaict-il un exemple. Il dict que c'est pour mon mieux que i'ay la gravele. Que les bastimens de mon aage ont naturellement à souffrir quelque goutiere. Il est temps qu'ils commencent à se lacher & desmentir : C'est une commune necessité. Et n'eust on pas faict pour moy, un nouveau miracle. Ie paye par là, le loyer deu à la vieillesse : & ne sçaurois en avoir meilleur compte[3].

---

1 *Ibid.*, EP, pl. 994, V. p. 1089.
2 *Ibid.*, EP, pl. 996, V. p. 1092.
3 *Ibid.*, EP, pl. 994, V. p. 1090.

L'essai tout entier est caractérisé par ces retours et ces ruptures. Ainsi de la description des souffrances de Montaigne faite sur un rythme accéléré où se répondent, scandés de la même manière, de deux points répétés, l'intérieur et l'extérieur, la sensation et le discours :

> On te voit suer d'ahan, pallir, rougir, trembler, vomir iusques au sang : souffrir des contractions et convulsions estranges : degouter par foys de grosses larmes des yeux : rendre les urines espesses, noires, & effroyables : (...) Entretenant cependant les assistans d'une contenance commune, bouffonant à pauses avec tes gens : tenant ta partie en un discours tendu : excusant de parolle ta douleur : & rabatant de ta souffrance[1].

Il arrive aussi qu'en une seule phrase on revienne d'un ton à l'autre, d'un style à l'autre ; d'un rythme heurté à un rythme élancé, régulier, porté par les échos sonores, jusqu'à la nouvelle chute finale :

> Mais est-il rien doux au pris de cette soudaine mutation : quand d'une douleur extr*eme*, / je viens par le vuidange de ma pi*erre*, / à recouv*rer*, / comme d'un escl*air*/ la belle lumi*ere* de la san*té*/, si libre et si pl*eine*/ : Comme il advient en nos soud*aines* et plus aspres choliques[2] ?

Le texte procède ainsi de l'exploration de la variation, du mouvement, de l'évolution d'un état à l'autre, sous toutes leurs formes, selon tous leurs branles. En revenant sans cesse du discours au dialogue, d'un point de vue à un autre, et d'un dialogue à l'autre ; celui de Montaigne avec son esprit, celui de Montaigne avec le lecteur — non sans que la frontière d'un tu ou d'un vous à l'autre parfois ne s'efface —, celui des Mexicains avec leurs enfants ou d'Ovide avec lui-même, puis de Montaigne avec ce dernier...

---

1 *Ibid.*, pl. 995-6, V. p. 1091, nous soulignons ici les ponctuations ajoutées sur l'Exemplaire de Bordeaux pour bien mettre en valeur les effets de parallélismes ainsi marqués.

2 *Ibid.*, EP, pl. 997-8, V. p. 1093.

> Laissons faire un peu à nature : elle entend mieux ses affaires que nous. Mais un tel en mourut : Si faites vous : sinon de ce mal là d'un autre [...] Nous sommes pour vieillir, pour affoiblir, pour estre malades, en despit de toute medecine. C'est la premiere leçon, que les Mexicains font à leurs enfans, quand au partir du ventre des meres, ils les vont saluant, ainsin : Enfant, tu es venu au monde pour endurer : endure, souffre, & tais toy [...] Voyez un vieillart qui demande à Dieu qu'il luy maintienne sa santé entiere et vigoreuse, C'est à dire qu'il le remette en ieunesse,
>
> *Stulte quid hæc frustra votis puerilibus optas ?*
>
> N'est-ce pas folie ? Sa condition ne le porte pas (...) Mon bonhomme, c'est faict : on ne vous sçauroit redresser[1].

En quelques lignes, sur un rythme haché, qui fractionne le discours en autant de facettes, sont ainsi multipliés les "lustres", les points de vue, dans une polyphonie étourdissante par laquelle passe la variation des tons, des "cordes" qui lance le dialogue suivant de Montaigne et de son esprit et tous les échanges repris et poursuivis à partir de là. Non sans que le texte revienne du dialogue au récit tout autant qu'au discours, selon un autre principe de multiplication des "lustres" : du présent au passé, de Montaigne à Scipion, Chelonis, Flaminius ou Epicure[2] :

> Des ma ieunesse, ie desrobois par fois quelque repas, ou affin d'esguiser mon appetit au lendemain (car comme Epicurus ieusnoit & faisoit des repas maigres, pour accoustumer sa volupté à se passer de l'abondance, moy au rebours, pour dresser ma volupté à faire mieux son profit, & se servir plus alaigrement de l'abondance)...[3]

Cet ensemble de récits, de discours, de dialogues, gravite autour du portrait de Montaigne représenté dans la multiplicité de ses biais, de ses postures, mangeant, dormant, buvant, postures qui elles-mêmes font l'objet de cette bifurcation et

---

1 *Ibid.*, EP, pl. 993, V. p. 1089.

2 *Ibid.*, pl. 1001, 1006, V. p. 1100, 1103.

3 *Ibid.*, pl. 1008.

réfraction par le récit, le discours, le dialogue. Or cet ensemble s'ordonne et prend sens dans sa diversité autour de la représentation de l'être dans le temps : avec ces points d'orgue que constituent à la fin de l'essai les beaux et célèbres portraits de Montaigne saisi dans son action quotidienne[1], accordé à l'instant comme au lieu, sur ce rythme binaire dont l'incipit donne l'élan, et que les propositions suivantes reprennent pour en déployer la symétrie, selon ce double mouvement centripète et centrifuge qui caractérise la démarche de l'essai tout entier, dans un effet marqué de crescendo et de decrescendo rythmique :

> Quand ie dance, / ie dance, / quand ie dors, / ie dors : / voyre, / & quand ie me promeine solitairement en un beau vergier, / si mes pensées se sont entretenues des occurrences estrangieres quelque partie du temps ; / quelque autre partie, / ie les rameine à la promenade, / au vergier, / à la douceur de cette solitude, / & à moy[2].

Le portrait suivant montre Montaigne accordé au mouvement général que l'essai s'applique à rendre sensible depuis son commencement ("nostre vie n'est que mouvement[3]"), celui du temps. Chiasme et parallélisme antithétique prennent ici sens de l'opposition rythmique entre les deux apodoses, de l'équilibre binaire de la première, du decrescendo ternaire de la deuxième, qui joue du ralentissement autant que de la relance sonore et rythmique :

> I'ay un dictionnaire tout à part moy : Ie passe le temps, quand il est mauvais & incommode : Quand il est bon, ie ne le veux pas passer, ie le retaste, ie m'y tiens. Il faut courir le mauvais, et se rassoir au bon...[4]

---

1 Voir le livre de M. E. Blanchard, *Trois portraits de Montaigne : essai sur la représentation à la Renaissance*, Paris, Nizet, 1990.

2 *Ibid.*, pl. 1012, V. p. 1107.

3 *Ibid.*, pl 1001, V. p. 1095.

4 *Ibid.*, pl. 1015, V. p. 1111.

Le mouvement d'ouverture et de repli sur soi était plus haut inscrit dans le temps comme l'est chacun des motifs depuis le début. La démarche même de l'enquête et de sa relance perpétuelle placée sous le signe de l'Apollon oblique de Delphes ("Il n'y a point de fin en nos inquisitions") obéit d'emblée au mouvement fluide, labile du fleuve héraclitéen, décrit par les vers de La Boétie :

> Ainsi voit l'on, en un ruisseau coulant,
> Sans fin l'une eau apres l'autre roulant...

comme chacun des moments qui suit : des maladies qu'il faut laisser "vieillir en soi"[1], à la succession des périodes de maladie et de santé, de plaisir et de douleur ("Les maux ont leur période comme les biens"), de sommeil et de veille, de repos et d'activité... Le portrait même de Montaigne à table s'ordonne autour d'un aller-retour permanent du Montaigne passé au Montaigne présent, jusqu'au point où "la decadence naturelle"[2] est représentée comme entièrement assimilée :

> Dieu faict grace à ceux, a qui il soustrait la vie par le menu : / c'est le seul benefice de la vieillesse : / la derniere mort en sera d'autant moins plaine & nuisible : / elle ne tuera plus qu'un demy, / ou un quart d'homme. / Voilà une dent qui me vient de choir, / sans douleur, sans effort, / c'estoit le terme naturel de sa durée : / & cette partie de mon estre, / & plusieurs autres/ sont desià mortes : / autres demy mortes/... C'est ainsi que je fons, / & eschape à moy[3].

Et chaque phrase épouse le même decrescendo, sur la basse continue des reprises lexicales et sonores qui atténue, annihile

---

1 C'est l'objet même de la leçon de l'esprit à Montaigne (nous sommes pour vieillir).

2 EP pl. 1004, V. 1098 : "... ny ne me plains de la decadence naturelle qui me tient

Quis tumidum guttur miratur in Alpibus?

Non plus que ie ne regrette que ma durée, ne soit aussi longue & entiere que celle d'un chesne."

3 EP, pl. 1007, V. p. 1101.

toute rupture. Et si les phrases suivantes prolongent ce thème du mélange inextricable de la vie et de la mort, c'est pour en prendre à témoin les différents portraits de Montaigne au fil du temps, dans une sorte de mise en lumière de la démarche d'ensemble du texte, comme si l'essai tout entier avait pour fin, dans la variété même de ses modes, genres et tons, de rendre compte de ce mouvement même du temps, de cette dissemblance permanente qu'il engendre.

> La mort se mesle & confond par tout, a nostre vie : le declin præoccupe son heure, & s'ingere au cours de nostre avancement mesme. I'ay des portraits de ma forme de vingt & cinq, & de trente cinq ans : ie les compare avec celuy d'asteure : combien de fois, ce n'est plus moy : combien est mon image presente plus esloingnée de celles là que de celle de mon trespas.

Et l'on serait presque tenté de qualifier ici l'écriture de Montaigne de lyrique si l'acception même que prendrait alors le terme ne constituait un anachronisme[1]. Si l'écriture de Montaigne parfois confine au lyrisme, elle le fait toujours aux marges de citations des poètes lyriques latins et ce comme un moment, un instant de son mouvement d'enquête et de

---

1 Trop de traits caractéristiques au XVIe siècle de la poésie lyrique font ici défaut. De plus si le"sujet" peut apparaître ici comme le lieu de la transgression de l'ordre du discours, comme le "point de fuite de la multiplicité des contextes" pour reprendre l'expression employée par K. Stierle à propos de la poésie lyrique ("Identité du discours et transgression lyrique" *Poétique* 32, 1977, p. 422-41), on ne peut dire que le sujet dans les *Essais* soit exactement en quête d'une identité : il est en quête de sa variété, de sa multiplicité, de sa dissemblance, sans aucun décentrement à la Pétrarque, aucun vertige identitaire à la Nerval. On ne peut pas même dire que le sujet soit ici l'essentiel. L'essentiel est la quête, l'enquête dont l'écriture est le vecteur et dont la focalisation, assez circonscrite somme toute, sur le sujet garantit surtout le caractère contingent (voir sur ce point A. Tournon, *La glose et l'essai*, *op. cit.*, conclusion ; cf. aussi R. L. Regosin, *The Matter of my Book : Montaigne's "Essais" as the Book of the Self*, Berkeley, University of California Press, 1977 ; et enfin pour un bilan bibliographique et critique sur cette question du sujet dans les *Essais*, l'introduction de l'ouvrage de F. Garavini, *Monstres et chimères*, Paris, Champion, 1995, p. 24-32).

parcours, de son dialogue des différents "bransles", des différentes "formes", des différents "lustres". Et même si dans certains essais comme les derniers la focalisation sur le sujet est particulièrement forte, nous avons vu aussi à quel point, la multiplication des points de vue et des *personae*, caractéristique du discours satirique, en était indissociable et comment Montaigne jouait justement sur les différentes virtualités de l'énonciation pour multiplier les approches[1]. Il suffit pour s'en convaincre de voir le statut même qu'accorde dans ce dernier essai Montaigne à la poésie lyrique proprement dite, dans les termes où la définissent l'antiquité et la Renaissance : l'essai se termine sur un vœu à Apollon de ne pas vieillir *cithara carentem*, vœu emprunté aux *Odes* d'Horace[2], vœu de consécration à la poésie lyrique. Si l'on s'empare du thème comme d'un thème musical on peut en effet y voir l'aboutissement de la démarche de l'essai, entièrement fugué sur un contrechant lyrique, sur un accompagnement rythmique et musical qui réconcilie toutes les discordances, qui fonde l'harmonie du texte comme "l'armonie du monde" sur cette conciliation des contraires apprivoisés par la mesure du texte comme par le temps du monde. Mais si l'on voit dans cette ultime citation l'aboutissement de toutes celles qui tissent l'essai, si discret que soit ici leur chant, on constate que le lyrisme pur n'en est qu'une modalité : toute la première partie revient de Manilius, La Boétie, Properce à Virgile et Lucain, mais aussi du Virgile de l'*Enéide* au Virgile des *Bucoliques*, puis à Martial, Horace et Juvénal (dans la satire de la médecine),

1 Voir aussi pour une mise au point sur personne et personnage, le dernier chapitre de l'ouvrage de C. Brousseau-Beuermann, "citation, dialogisme et rétro-portrait", *op. cit.*

2 Sur ces derniers mots des *Essais*, voir le dernier chapitre de l'ouvrage de G. Nakam, *Montaigne, la manière et la matière*, Paris, Klincksieck, 1992.

et de Catulle, de l'Horace des *Odes* et de l'Ovide des *Amores*[1] à Martial quand il s'agit d'amour, puis à nouveau de l'Ovide des *Tristes* et des *Héroïdes*, de Virgile et d'Horace à Juvénal[2], dans l'analyse souvent nostalgique des relations du corps à l'esprit, jusqu'à ce qu'Horace l'emporte largement dans la section finale[3]. La part du lyrique est importante, la loi de la variété et de la variation, de l'épique au lyrique et au satirique n'en est pas moins patente. Et pas plus qu'on ne peut ramener le poétique au lyrique, on ne peut qualifier cet essai de tout entier poétique, il est composite à l'égal de tous les chapitres des *Essais*, la frontière d'un mode à l'autre y est seulement encore un peu plus indécidable qu'ailleurs, ce à quoi tout concourt, y compris les derniers mots. Et c'est justement à cette question même des frontières du poétique et de la poésie comme frontière que nous consacrerons nos dernières analyses.

1 *Essais*, III, 13, V., p. 1086.

2 *Ibid.*, p. 1098.

3 Non sans un détour par l'épopée, Virgile et Lucain.

CHAPITRE II

Passages poétiques, passages de la poésie

Quelque divers que soient les rôles dévolus à la poésie, quelque variés ses registres, et quelque essentielle sa valeur mimétique, comme en témoignent bien les porte-paroles de la poésie dans le texte que constituent les citations, le langage poétique est aussi et en même temps, de manière privilégiée chez Montaigne, comme chez un Ronsard ou un d'Aubigné – qui usent avec autant de liberté que lui de la variété des registres poétiques –, le langage des limites : limites de l'ici et de l'au-delà, limites de la vie et de la mort, limites de la parole et du silence... En témoigne, s'en donne comme signe la fonction dévolue à l'ouverture du recueil aux citations poétiques des premiers essais : de l'essai "De la tristesse", qui explore les marges du silence, nous l'avons vu, à l'essai III, "Nos affections s'emportent au delà de nous", où la première citation poétique intervient pour dire la limite de la vie et de la mort, et la difficulté même à la concevoir :

Quisquam
Vix radicitus e vita se tollit, et ejicit :
Sed facit esse sui quiddam super inscius ipse,
Nec removet satis a projecto corpore sese, et
Vindicat[1].

Montaigne a ici modifié la phrase lucrécienne, substituant à la tournure négative de l'original (*nec radicitus*) le *vix* qui traduit cette frontière, cette marge de la vie à la mort et qui fait

1 *Essais*, I, 3, p. 17 : "Il est difficile qu'on se déracine totalement, et qu'on se rejette de la vie : on s'imagine inconsciemment quelque chose de soi qui subsiste. On ne se détache pas et on ne s'affranchit pas entièrement de son corps terrassé par la mort. " (Lucrèce)

écho aux *vix* des citations virgiliennes de l'essai précédent[1]. Les deux citations qui achèvent l'essai donnent aussi à la poésie pour fin d'explorer cette frontière de l'au-delà, cet au-delà de la mort, qu'on ne peut exprimer qu'en déplaçant, comme seule la poésie sait le faire, les termes s'appliquant à la vie

Quaeris quo jaceas post obitum loco ?
Quo non nata jacent.

Neque sepulchrum quo recipiat, habeat portum corporis
Ubi, remissa humana vita, corpus requiescat a malis[2].

A partir de là le principe de variation l'emporte et se multiplient registres et fonctions poétiques non sans que ressurgisse l'usage inaugural de la citation, dès que sont atteints les confins de la parole humaine, qu'il s'agit de s'adresser à Dieu ou aux Dieux[3] ou de parler de la mort[4]. On pourrait continuer cette exploration à travers les trois livres, elle ne ferait que confirmer cette vocation de la poésie, des citations comme de la prose poétique, à l'expression des limites[5]. Ainsi la prose de l'essai "De la vanité", dès qu'elle aborde aux rives de la mort, prend-elle un autre rythme — et ce plus seulement aux marges des citations poétiques — s'alentissant, multipliant les ruptures rythmiques qui interrompent progressivement le cours de la phrase jusqu'au silence, dans un changement de tempo

1 "*Et via vix tandem voci laxata dolore est*", "*et longo vix tandem tempore fatur.*" *Essais*, I, 2, p. 12-3.

2 I, 3, p. 21.

3 Voir en particulier les essais "Des pronostications" et " Des prières", I, 11, & I, 56, p. 41, p. 322 et voir aussi les variations dans le registre satirique et en style bas sur la parole humaine adressée aux Dieux dans ces deux chapitres.

4 Voir *Essais*, I, 14, p. 56 et bien sûr les essais 19 et 20.

5 Voir en particulier l'"Apologie de Raymond Sebon". Si Montaigne remet en question la possibilité pour la poésie de dire l'au-delà il n'en va pas de même de sa vocation à se situer à la frontière, d'être à la marge et limite, de la vie et de la mort, de l'âme et du corps etc... nous l'avons vu.

marqué entre les passages d'analyse et les moments d'approche descriptive, mimétique :

> Il m'advient souvent, d'imaginer avec quelque plaisir, les dansgiers mortels, & les attendre : Ie me plonge la teste baissée, / stupidement dans la mort, / sans la considerer & recognoistre, / comme dans une profondeur muette & obscure, / qui m'engloutit d'un saut, / & accable en un instant, / d'un puissant sommeil, / plein d'insipidité & indolence. Et en ces morts courtes & violentes, la consequence que i'en prevoy, me donne plus de consolation, que l'effait de trouble[1].

Le rythme, qui va crescendo puis decrescendo, revient sans cesse de la liaison à la parataxe, de l'élan à la rupture, sur le fil d'une métaphore de la chute dont il mime les étapes. Les phrases suivantes font encore plus nettement alterner le rythme binaire, équilibré de l'analyse et le rythme ternaire, decrescendo de la mimesis et conjuguent là encore liaison et rupture, accélération et suspens, déclinant, sur une nouvelle métaphore, les sonorités du mourir :

> Ie ne m'estrange pas tant de l'estre mo*r*t, / comme i'entre en confidence avec le *mourir.* / Ie *m*'enveloppe & me tap*i*s en cet *or*age, / qui *m*e doibt aveugler et *ravir* de fu*r*ie, / d'une cha*r*ge p*r*ompte et insens*i*ble[2].

La prose devient ainsi poésie à chaque fois qu'elle atteint les limites de l'analyse. Car la poésie échappe au contrôle de la raison, la dépasse et l'expression poétique se situe dans le texte des *Essais* aux marges du raisonnement, à ses frontières.

C'est précisément cette frontière de la raison et de la folie, de la veille et du songe dont il fait le lieu même de la "conception" que Montaigne s'efforce parfois d'explorer. Ainsi tente-t-il, dans l'essai "De la præsumption", de donner une idée de cette marge où prend naissance son texte dans un jeu d'ajouts qui "poétisent" la prose, rythment et colorent la

---

1 Essais, III, 9, EP, pl. 883.
2 *Ibid.*, cf. aussi pl. 889.

phrase d'une alternance de pairs et d'impairs, de glissements et d'échos sonores :

> [A] I'ay touiours une idée en l'**ame**, [C] et certaine **image** trouble / [A] qui me presente [C] comme en songe [A] une meilleure forme /, que celle que i'ay mis en besongne) /, mais ie ne la puis[C] sesir et [A] exploiter[1].

Et comme à la lenteur et à la sinuosité de la première proposition, qui module ses effets de relance sur l'écho des nasales et de e muets, s'oppose la brièveté de la chute et de la négation, à la grandeur des "productions" des poètes anciens s'oppose le "moyen estage" des créations montaigniennes, dans le mouvement même où à la brisure du rythme s'oppose son élan :

> [C] Et cette idée mesme n'est que du moyen estage : Ce que j'argumente par là, que les productions de [A] ces riches & grandes ames du temps passé, sont bien loing au delà de l'extreme etendue de mon imagination [C] et souhet. [A] Leurs escris ne me satisfont pas seulement et me remplissent, / mais ils m'estonnent et transissent d'admiration. /Ie juge leur beauté, / ie la voy, /[C] Si non iusques au bout, / au moins si avant/ qu'il m'est impossible d'y aspirer/. [A] Quoy que i'entreprenne /ie doy un sacrifice aux graces...[2]

Or cet élan est à nouveau brisé par la parataxe, les phrases brèves pour mieux rebondir sur la relance coordonnée et subordonnée du négatif au positif :

> Elles m'abandonnent par *tout* / : ***Tout*** est grossier chez moy (/ : il y a faute de gantillesse et de beauté/ : **I**e ne sçay faire valoir les choses pour le plus que ce qu'elles valent/ : **M**a façon n'ayde rien à la matiere. Voila pourquoi il me la faut fort*e* /, qui aye beaucoup de pr*ise* / et qui lu*ise* d'ell(*e*)-mesm*e* [3].

---

1 *Essais*, II, 17, EP, pl. 571, V. p. 637. Cf. par exemple I, 26 V. p. 146 : "Je voy encore du païs au-delà mais d'une veuë trouble et en nuage, que je ne puis desmeler."

2 *Ibid*. On ne peut rendre compte ici de tout le travail de correction de Montaigne qui abrège, ajoute ou retranche des liaisons autant que des ponctuations, selon une exigence qui est aussi rythmique.

3 *Ibid*., pl. 572.

Ainsi s'articulent invention et élocution au cœur même de la différence et de la négation, dans une prose qui dit élans et retombées[1], au défaut en quelque sorte de la fureur, mais à ses confins aussi, avec une seule exigence affirmée et confirmée d'une "matiere forte", "qui luise d'elle mesme". Et cette lumière éclaire rétrospectivement, l'"image trouble", "présente comme en songe", pour mieux nous aider à comprendre à quel point la "façon" en traduit le caractère insaisissable même.

C'est cette exploration des confins du rêve et de la veille, de la raison et de la folie où naît la poésie que Montaigne reprend et poursuit dans "Sur des vers de Virgile" :

> Tout argument m'est egallement fertille. Ie les prens sur une mouche : Et Dieu veuille que celuy que i'ay icy en main, n'ait pas esté pris par le commandement d'une volonté autant volage. Que ie commence par celle qu'il me plaira, car les matieres se tiennent toutes enchesnées les unes aux autres. Mais mon ame me desplait/, de ce qu'elle produict ordinairement/ ses plus profondes resveries/, plus folles & qui me plaisent le mieux/, à l'improuueu/, & lors que ie les cerche moins/ : Lesquelles s'esvanouissent soudain, / n'ayant sur le champ où les attacher/ : A cheval, à la table, au lit / : mais plus à cheval, où sont mes plus larges entretiens/. I'ay le parler un peu delicatement ialoux d'attention & de silence, si ie parle de force/ : Qui m'interrompt, m'arreste : (...) Outre ce que ie voyage plus souvent sans compaignie, propre à ces entretiens de suite, /par ou ie prens tout loisir/ de m'entretenir moy-mesme/. Il m'en advient comme de mes songes/ : En songeant, ie les recommande à ma memoire, / (car ie songe volontiers que ie songe)/ mais le lendemain/, ie me represente bien leur couleur/, comme elle estoit, ou gaye, ou triste, ou estr*an*ge/, mais quels ils estoient au reste/, plus i'ahane à le trouver/, plus ie l'enfonce en l'oubli*an*ce/. Auss*i* de ces discours fortu*i*tes / qui me tombent en fantas*ie* /, il ne m'en reste en memoire / qu'une vaine image / :

1 Il est remarquable que tout ce passage se développe à partir d'une citation des *Pontiques* (V. p. 636) apparemment toute négative mais qui amorce le même mouvement de retour de la négation à l'affirmation, de déplacement et de redéfinition d'une poésie à la frontière de la prose que Du Bellay imitant le même poète au début des *Regrets*.

> Aut*an*t seulem*en*t qu'il en *f*aut pour me *f*aire rong*er* /, et despit*er*, apres leur queste /, inutilement[1].

Le texte se développe ainsi sur un argument volage, évanescent, et toute sa subtilité est de tenter d'exprimer cette évanescence[2], dans un aller-retour de l'abstrait au concret, du sens propre au sens figuré — de la pensée qui fait "le cheval eschappé" aux rêveries cavalières, des couleurs du songe à leur diversité, de l'eau d'oubli où "enfonce" le songe à la "vaine image" du penser évanoui, comme celle d'Anchise échappant aux embrassements d'Enée, ou celle de l'Eurydice des *Géorgiques* — qui situe bien la conception à ces limites qui sont celles de la poésie, si l'on en croit sa plus célèbre incarnation mythique, et définit le mouvement de l'écriture comme un mouvement de "queste" indéfiniment renouvelée de son origine même. D'où la démarche propre à ce texte, ce caractère sinueux, ces relances et ces redondances (ici le tournoiement autour du "songe"), ces retours de la distance à la présence, comme de l'élan d'un mouvement premier retrouvé à la retombée de l'élan perdu, que traduit ici un mouvement rythmique coutumier à l'écriture montaignienne : le rythme est ternaire pour l'élan, l'envol (ses plus profondes resveries, / plus folles, / & qui me plaisent le mieux… A cheval, / à la table, / au lit… ou gaye, / ou triste, / ou estrange…), binaire pour la retombée, dans un parallélisme appuyé de la protase et de l'apodose (Lesquelles s'esvanouissent soudain, / n'ayant sur le champ où les attacher… Qui m'interrompt, / m'arreste… . plus i'ahane à le trouver, plus ie l'enfonce en l'oubliance…).

---

1 *Essais*, III, 5, EP, pl. 795-6, V. p. 876.

2 Cf. Jacques Reda : "Je ne sais pour quelle raison j'écris tantôt en prose tantôt en vers, mais jamais entre les deux, dans le vers libre que j'appellerais plus volontiers le vers vague." Montaigne lui élit justement l'entre-deux, le "vers vague" pour situer son texte à cette frontière fugace où il est lui-même au bord de l'effacement.

C'est pourquoi en dernière instance les passages peut-être les plus "prosaïquement poétiques" sont ceux qui situent le texte à cette marge où l'analyse le cède à la "fantasie", où l'analyse de la "fantasie" le cède à la représentation de son mouvement même de dérive erratique et d'invention chimérique. Et c'est tout le chemin qui reconduit de l'essai "De l'oisiveté", de ses comparaisons articulées peu à peu défaites pour offrir autant d'échappées à la création poétique virgilienne, horatienne, à la renaissance heureuse — du moins l'espace d'une citation — des images et de l'imagination jusqu'à l'essai "De la vanité" où la prose elle-même se fait poésie, épouse le mouvement de l'échappée et l'incarne :

> Ie *m'esgare*/, mais plustost par licence /, que par *mesgarde* : / *Mes* fantas*ies*, se *suyve*nt : / *mais* par fois c'est de loing : / Et se re*gardent* /, mais d'une veuë obl*ique*[1].

Tout joue ici sur l'alternance des mots et des membres brefs et longs, sur le rapprochement et l'éloignement, pour mieux rendre sensible cet élan de la fantaisie, où s'entrecroisent les lignes platonicienne, plutarquienne et montaignienne :

> C'est un'art, come dict Platon, legiere, volage, demoniacle...
> O Dieu que ces gaillardes escapades, que cette variation a de beauté...
> Ie voy au change, indiscrettement & tumultuairement...

Le passage le plus significatif demeure peut-être celui où Montaigne relit Platon, restitue par le mouvement de sa prose, le jaillissement poétique : l'engendrement sonore des mots surgis d'un écho à l'autre "en la bouche", et la beauté de la variation qui le constitue, de relance en relance, d'une comparaison à une négation, d'un complément à l'autre, tout s'enchaînant

---

1 *Essais*, III, 9, EP, pl. 906. Cf II, 18, V., p. 665. Notons ici la subtile combinaison des deux rythmes binaire et ternaire.

rythmiquement, sans aucune hiérarchie, dans une sorte de surgissement presque simultané :

> Le *po*ëte, d*i*ct *P*laton, / ass*i*s sur le *t*re*p*i*e* des *m*uses/ *v*er*s*e de fu*r*i*e*/ tout ce qui lu*y* *v*i*e*nt en la b*ou*che/ co*m*e la garg*ou*ille d'une fonte*in*e/ sans le *r*u*min*er et poiser/ : et luy es*ch*ape des *ch*oses/ de di*v*er*s*e *c*oleu*r*/ de *c*on*t*re*r*e substance/ et d'un *c*ou*r*s *r*ompu.

Le texte s'approche ainsi parfois au plus près de ce moment où surgit l'invention poétique, où elle s'éveille en quelque sorte. C'est en "avoisinant" ses limites, ses propres limbes, qu'il confine peut-être le plus explicitement à la poésie.

L'écriture poétique, qu'elle soit citation ou prose poétique, est donc bien dans le texte des *Essais*, une écriture de la variation, sinon de la diversion — *Quo diversus abis ?* — voie ouverte dans le tissu de l'analyse et du discours, de l'exercice du jugement, vers un ailleurs aux chemins qui bifurquent, aux sentiers ramifiant, "route par ailleurs", qui nous reconduit souvent au cœur de l'enjeu même de l'écriture, et de la façon la plus aiguë peut-être quand les marques s'effacent, quand de la prose à la poésie les glissements se font les plus imperceptibles.

CONCLUSION

Montaigne escrit ce livre, Apollon l'a conceu[1].

Marie de Gournay consacre sa "Deffence de la Poësie et du langage des Poëtes", à l'éloge de l'élan perdu de la Pléiade et à la critique des rimailleurs médiocres et chagrins de son temps. Or ce traité qui prend sa source dans le jugement porté par Montaigne sur la poésie de son temps[2] consacre pour finir les *Essais* eux-mêmes comme œuvre poétique pour mieux renvoyer la poésie de son temps à la prose. D'autorité en la matière Montaigne devient modèle et même davantage, matière offerte à l'imitation et l'émulation : Après avoir recommandé à ceux qui "veulent acquerir reputation par la Poësie" de s'exercer aux "versions" des poètes latins, Marie de Gournay les invite en effet à en faire de même des *Essais* :

> Et moi ie les oserois supplier de traduire cependant pour une espece de prelude de François en François : c'est-à-dire d'exprimer pertinemment et avec mesme force, en leur nouveau langage, les conceptions des Essais. Sa maiesté leur devroit aussi commander de tracer des Poemes epiques ou des Odes moulées sur le pied de Pindare. Car alors verroit on à bon ieu ce qu'il sçavent faire (...) leurs stances estans communement non pas des membres de la Poësie, mais une Prose rymée, de la plus mince et superficielle des toutes les Proses : sçavoir est, celle qui n'a pour corps principal que des poinctes, plus ou moins aigües[3].

---

1 *Les advis ou les presens de la demoiselle de Gournay*, Paris, 1641, p. 915, dernier vers du "Sonnet à M. de Montaigne sur ses Essais".

2 *Ibid.*, p. 404 : "Ie ne puis oublier que ce grand Iuge des Poëtes que ie nomme à bon droict mon second Pere, puisque ie lui doibs l'instruction de mon esprit, publie aux *Essais* que Ronsard et Du Bellay, battus particulierement du fleau de ces langues medisantes, ont à son opinion eslevé la Poësie Françoise au plus haut point qu'elle sera jamais." Cf. *Essais*, I, 26, p. 171, II, 17, p. 661.

3 *Ibid.*, p. 482. Nous sommes à la fois ici dans la lignée et bien au delà de l'exercice scolaire traditionnel qui consistait à traduire Homère ou Virgile en

Ainsi s'achève un traité consacré tout entier à rendre la poésie à la variété et à l'uberté de ses moyens, à l'affranchir du critère d'une versification qui doit épouser le "Poëme" et non se le soumettre[1], dans un échange qui inverse exemplairement les deux termes de la prose et de la poésie, pour mieux rendre les *Essais* à la seconde.

Si Marie de Gournay consacre les *Essais* à la poésie au nom de la divinité de leurs "conceptions" et de la " magnanime ingenuité" de leur langage, on n'en comprend pas moins beaucoup mieux à partir de là, combien la question du rapport de la prose à la poésie dépasse, chez Montaigne, les catégories habituelles et en particulier celles de la rhétorique et de la poétique. L'écriture de Montaigne s'invente bien comme celle de la Pléiade aux marges de la rhétorique, mais a la spécificité de s'inventer en même temps aux marges du poétique, dans un entr'ouvert qui joue des oppositions pour les déplacer constamment, en ne les effaçant que par instants, dans un dialogue toujours renouvelé, une sorte de discours dédoublé où se cherche non la vérité ou l'exactitude, mais la fidélité.

A fleur de transparence
Les retours de pensée
Annulent les mots qui sont sourds.

---

prose ou la Bible en hexamètres (voir sur ce point E. R. Curtius, *La Littérature Européenne et le Moyen Age latin*, Paris, P. U. F., 1956, p. 182-3).

1 Voir en particulier *Ibid.*, p. 478, la critique de la rime, passage où Marie de Gournay se réclame à nouveau de l'autorité de son second pere en la matiere : "Nul n'ignore à quel prix les Italiens, peuple le plus iudicieux d'Europe, taxent la rime, deguisans et demolissans à tous coups leurs terminaisons pour la maçonner à la legere..."

BIBLIOGRAPHIE

Les titres de certaines revues ou collections seront désignés par leurs initiales :

B. H. R. : Bibliothèque d'Humanisme et de Renaissance

B. S. A. M. : Bulletin de la Société des Amis de Montaigne

C. A. I. E. F : Cahiers de l'Association Internationale des Etudes Françaises

R. H. L. F. : Revue d'Histoire Littéraire de la France

S. T. F. M. : Société des Textes Français Modernes.

I - Editions des *Essais*

Montaigne *Essais,* Reproduction en phototypie de l'exemplaire de Bordeaux avec notes marginales, publiée avec une introduction par Fortunat Strowski, Paris, Hachette, 1912, 3 vol.

——. *Essais,* Reproduction typographique de l'exemplaire annoté par l'auteur et conservé à la bibliothèque de Bordeaux, avec un avertissement et une notice par E. Courbet (T. I), une étude sur Montaigne par A. Armaingaud (T. II), notices par A. Armaingaud en collaboration avec J. Du Portal (T. III), Paris, Imprimerie Nationale, 1906-31, 3 vol.

——. *Essais,* édition conforme au texte de l'exemplaire de Bordeaux par Pierre Villey, Paris, 1924 ; nouvelle édition sous la direction et avec une préface de V.-L. Saulnier, Presses Universitaires de France, 1965 ; réimprimée dans la collection "Quadrige", 1988, 3 vol.

——. *Œuvres Complètes* textes établis par A. Thibaudet & M. Rat, Paris, Gallimard, Bibliothèque de la Pléiade, 1962.

II - Textes de l'antiquité

A - Editions et commentaires du XVIe siècle

Aristote,

-Francesci Robortelli utinensis in librum Aristotelis de Arte Poetica explicationes ; paraphrasis in librum Horatii qui vulgo de Arte Poetica ad Pisones inscribitur ; Ejusdem explicationes de Satyra, de Epigrammata, de Comœdia, de Salibus, de Elegia...., Florence, Laurentius Torrentinus Ducalis, 1548.

-Aristotelis rhetorica ab Antonio Riccobono... latine conversa Eiusdem Riccoboni explicationum liber. . Aristotelis Ars poetica ab eodem in latinam linguam versa cum ejusdem de re comica disputatione, Venetiis, apud P. Meiettum, 1579.

-Aristotelis Artis Rhetoricae libri tres ab Antonio Riccobono latine conversi ; ejusdem Rhetoricae paraphrasis interiecta rerum explicatione, & collata Riccoboni multis in locis conversione cum Maioragii, Sigonii, Victorii & Mureti conversionibus, separatim est edita, Hanoviae, Typis Wechelianis, 1606.

Saint Augustin,

De la Cité de Dieu contenant le commencement et progrez d'icelle cité, avec une deffence de la Religion chrétienne, contre les erreurs et mesdisances des gentils, heretiques & autres ennemis de l'eglise, illustrez des commentaires de Iean Loys Vives, le tout faict français par Gentian Hervet, et enrichy de plusieurs annotations et observations en marge par François de Belle-Forest, Paris, M. Sonnius, 1585.

Horace,

- *Q. Horatius Flaccus... opera Dionys. Lambini... emendatus : ab eodem commentariis copiosissimis illustratus, nunc primum in lucem editus*, Lugduni, apud I. Tornaesium, 1561.

-*Horatii opera ex emendatione et cum commentariis Dionysii Lambini, accesserunt postremae huic editioni Adriani Turnebi... in eumdem Horatium commentarii...*, Parisiis, apud Bartholomeum Macœum, 1604.

Perse & Juvenal,

-*Antonii Foquelini in Aulii Persii Flacci Satyras commentarius*, Paris, A. Wechel, 1555.

-*Iunii Juvenalis et A. Persii Flacci Satyrae, cum doctissimorum virorum* [I. Britannici, I. Badii, I. B. Plautii...] *commentariis*, Bâle, 1551.

Platon,

-Ficin, M ; *Omnia divini Platonis opera tralatione Marsilii Ficini*, Basileae, 1551.

——. *Commentaire sur le Banquet*, texte établi et traduit par R. Marcel, Paris, Les Belles Lettres, 1956.

-Le Roy, L., *Le symposium de Platon ou De l'Amour*, Paris, Abel l'Angelier, 1581.

——. *Le Timée de Platon translaté de grec en françois par Loys Le Roy* Paris, Abel l'Angelier, 1582.

Plutarque,

Les Œuvres morales et meslées de Plutarque translatées du grec en françois par Messire Jacques Amyot, Paris, M. de Vascosan, 1572, 2 vol.

Sénèque,

-*L. Annaei Senecae Philosophi cordubiensis ad Lucilium Epistolarum libri. M. Ant. Mureti notis, Ferd. Pinciani castigationibus, Erasmi Roterdami annotationibus*, Paris, ex officina plantiniana, 1602.

-*L. Annaei Senecae philosophi opera quae exstant omnia a Iusto Lipso emendata et scholiis illustrata*, Anvers, ex officina plantiniana, apud. I. Moretum, 1605 (édition comprenant en préambule le *Judicium super Seneca*).

-*Les œuvres morales et mesléeѕ de Senecque traduites du latin en françois... par S. Goulart.* . Paris, J. Houzé, 1595.

Du Sublime,

——. *Dionysii Longini praestantissimi liber de grandi sive sublimi orationis genere. Nunc primum a Francisco Robortello in luce editus...* Bâle, per I. Oporinum, 1554.

——. *Dionysii Longini de sublimi genere dicendi...* Venetiis, apud P. Manutium, 1555.

Tacite,

C. Cornelii Taciti opera quae exstant Iustus Lipsius postremus recensuit, Anvers, ex officina plantiniana, apud Ioannem Moretum, 1607 (1ère édition, 1574).

B - Editions modernes

Aristote *Rhétorique,* texte établi et traduit par M. Dufour et A. Wartelle, Paris, Les Belles Lettres, 1973.

——. *Poétique*, texte, traduction et notes par R. Dupont-Roc et J. Lallot, Paris, Seuil, collection “Poétique”, 1980.

——. *Politique,* Livre VIII, texte établi et traduit par J. Aubonnet, Paris, Les Belles Lettres, 1989.

Augustin, saint, *De doctrina christiana*, texte établi et traduit par G. Combès, Abbé Farges, *Œuvres de saint Augustin,* T. XI, Paris, Desclée de Brouwer, 1949.

——. *De Trinitate*, texte établi et traduit par M. Mellet & Th. Camelot, *Ibid.*, T. XV, 1955.

Aulu-Gelle, *Les Nuits Attiques*, texte établi et traduit par R. Marache, Paris, Les Belles Lettres, 1968-89, 3 vol.

Catulle, *Poésies*, texte établi et traduit par G. Lafaye, Paris, Les Belles Lettres, 1923.

Cicéron, *Brutus*, texte établi et traduit par J. Martha, Paris, Les Belles Lettres, 1931.

——. *L'Orateur*, texte établi et traduit par A. Yon, Paris, Les Belles Lettres, 1964.

——. *De l'Orateur*, texte établi et traduit par E. Courbaud, Paris, Les Belles Lettres, 1922-30, 3 vol.

Horace, *Satires*, texte établi et traduit par F. Villeneuve, Paris, Les Belles Lettres, 1932.

——. *Odes & Epodes*, texte établi et traduit par F. Villeneuve, Paris, Les Belles Lettres, 1929.

——. *Epîtres*, texte établi et traduit par F. Villeneuve, Paris, Les Belles Lettres, 1934.

Juvenal, *Satires*, texte établi et traduit par P. de Labriolle & F. Villeneuve, Paris, Les Belles Lettres, 1921.

Lucrèce, *De la nature*, texte établi et traduit par A. Ernout, texte latin et apparat critique revu et corrigé par C. Rambaux, Paris, Les Belles Lettres, 1966, 2 vol.

Martial, *Epigrammes*, texte établi et traduit par H. J. Isaac, Paris, Les Belles Lettres, 1930-34, Paris, 2 vol. .

Ovide, *Métamorphoses*, texte établi et traduit par G. Lafaye, Paris, Les Belles Lettres, 1928-30, 3 vol.

——. *Tristes*, texte établi et traduit par J. André, Paris, Les Belles Lettres, 1968.

——. *Pontiques*, texte établi et traduit par J. André, Paris, Les Belles Lettres, 1977.

Perse, *Saturae*, texte établi et traduit par A. Cartault, Paris, Les Belles Lettres, 1929.

Petrone, *Le Satiricon*, texte établi et traduit par A. Ernout, Paris, Les Belles Lettres, 1923.

——. texte traduit, annoté & commenté par P. Grimal, *Romans grecs & latins*, Paris, Gallimard, Bibliothèque de la Pléiade, 1958.

Platon, *Œuvres complètes*, traduction nouvelle et notes par L. Robin, Paris, Gallimard, Bibliothèque de la Pléiade, 1950, 2 vol.

——. *Le Banquet*, texte établi et traduit par L. Robin, Paris, Les Belles Lettres, 1929.

——. *Gorgias, Ménon*, texte établi et traduit par A. Croiset & Louis Bodin, Paris, Les Belles Lettres, 1935.

——. *Hippias mineur, Alcibiade, Apologie de Socrate, Eutyphron, Criton* texte établi et traduit par M. Croiset, Paris, Les Belles Lettres, 1920.

——. *Ion, Ménéxène, Euthydème*, texte établi et traduit par L. Méridier, Paris, Les Belles Lettres, 1931.

——. *Phédon*, texte établi et traduit par P. Vicaire, Paris, Les Belles Lettres, 1983.

——. *Phèdre*, texte établi par C. Moreschini et traduit par P. Vicaire, Paris, Les Belles Lettres, 1985.

——. *La République*, texte établi et traduit par E. Chambry, Paris, Les Belles Lettres, 1932-4, 3 vol.

Plutarque, *Dialogues Pythiques* texte établi et traduit par Robert Flacelière, in *Œuvres Morales*, T. VI, Paris, Les Belles Lettres, 1974.

Quintilien, *Institution oratoire*, texte établi et traduit par J. Cousin, Paris, Les Belles Lettres, 1975-80, 7 vol.

Sénèque, *Lettres à Lucilius*, texte établi par F. Préchac, et traduit par H. Noblot, Paris, Les Belles Lettres, 1945-64, 5 vol. .

Du Sublime, texte établi et traduit par H. Lebègue, Paris, Les Belles Lettres, 1965.

Varron, *Satires Ménippées*, édition, traduction et commentaire de J.-P. Cèbe, Ecole française de Rome, Rome, 1972-87, 8 volumes.

Virgile *Bucoliques,* texte établi et traduit par E. de Saint-Denis, Paris, Les Belles Lettres, 1967.

——. *Géorgiques,* texte établi et traduit par E. de Saint-Denis, Paris, Les Belles Lettres, 1956.

——. *Enéide,* texte établi par R. Durand et traduit par A. Bellesort, Paris, Les Belles Lettres, 1959-60, 2 vol.

III - Textes de la Renaissance

Amyot, J. *Projet d'éloquence royale,* Paris, Les Belles Lettres, collection "Le corps éloquent", 1992.

Aneau, B., *Le Quintil Horacien*, in *Traités de poétique et de rhétorique de la Renaissance*, éd. F. Goyet, Paris, Le Livre de Poche classique, 1990.

Casaubon, I., *De Satyrica Graecorum poesii, et Romanorum Satira libros duos...*, in *Museum philologicum et historicum,* Lyon, 1699 (1ère éd. 1605).

Du Bellay, J., *Les Regrets, Les Antiquitez de Rome,* éd. J. Joliffe & M. A. Screech, Genève, Droz, 1966.

——. *Deffence et illustration de la langue françoise,* éd. H. Chamard, Paris, STFM, 1948, réimpr. 1970.

Du Vair, G., *De l'eloquence françoise*, Paris, Abel l'Angelier, 1607.

Erasme, D., *De duplici copia verborum ac rerum,* éd. B. I. Knott, *Opera omnia,* I, 6, Amsterdam, 1988.

——. *Œuvres choisies,* présentation, traduction et annotations de J. Chomarat, Paris, Le Livre de Poche classique, 1991.

Estienne, H., *Ad Senecae lectionem proodopœïa,* Genève, 1586

Gournay, M. de, "Deffence de la Poësie et du langage des Poëtes", in *Les advis ou les presens de la demoiselle de Gournay*, Paris, Jean du Bray, 1641

——. "Preface sur les *Essais* de Michel Seigneur de Montaigne par sa fille d'alliance" (préface de l'édition des *Essais* de 1595) in *Montaigne Studies*, vol. I, nov. 1989, p. 22-60.

Lipse, Juste,

——. *Antiquarum lectionum commentarius (tributus in libros quinque, in quibus varia scriptorum loca, Plauti praecipue, illustrantur ac emendantur)*, Anvers, Ch. Plantin, 1575.

——. *Epistolarum selectarum centuria prima*, Anvers, Ch. Plantin, 1586.

——. *Epistularum selectarum III centuriæ*, Anvers, ex officina plantiniana, apud I. Moretum, 1601.

——. *Epistolarum selectarum centuria singularis ad Germanos & Gallos, centuriae ad Belgas, centuria miscellanea*, Anvers, ex officina plantiniana, apud I. Moretum, 1602.

——. *Epistolica Institutio*, Lyon, ex officina plantiniana, apud F. Raphelengium, 1591

——. *Manuductionis ad stoicam philosophiam libri tres*, Anvers, ex officina plantiniana, apud I. Moretum, 1604.

——. *Somnium* in *Tres Satyrae Menippeae (L. Annaei Senecae 'Αποκολοκύντωσις, Justi Lipsi Somnium, P. Cunaei Sardi Venales)* Lipsiae, apud F. C. Wintzerum, 1720.

Peletier du Mans, J., *Art Poëtique*, éd. A. Boulanger, Paris, Les Belles Lettres, 1930.

Rabelais, F., *Œuvres Complètes*, édition établie, présentée et annotée par M. Huchon avec la collaboration de François Moreau, Paris, Gallimard, Bibliothèque de la Pléiade, 1994.

Ronsard, P de, *Œuvres Complètes*, édition critique par P. Laumonier, révisée et complétée par I. Silver et R. Lebègue, Paris, Hachette puis Droz et Didier, STFM, 1914-1975, 20 vol.

Satyre Ménippée de la vertu du Catholicon d'Espagne, nouvelle édition revue sur le texte de 1594 par E. Tricotel, Genève, Slatkine reprints, 1971.

Scaliger, J. C., *Poetices libri septem*, Genève, J. Crispin, 1561.

"——. livre V, *La Critique*, présentation, traduction et notes par J. Chomarat, Genève, Droz, 1994.

Sébillet, Th., *Art Poëtique François*, éd. Félix Gaiffe, Paris, 1910.

Tabourot, E., *Les Bigarrures du Seigneur des Accords*, éd. F. Goyet, Genève, Droz, 1986, 2 vol.

Verville, Béroalde de, *Le Moyen de Parvenir*, éd. publiée et commentée par Paul L. Jacob, Paris, 1841

"——. éd. A. Tournon et H. Moreau, Publ. de l'Université de Provence, Aix-en-Provence, 1984.

IV - Ouvrages critiques

Aulotte, R., *Amyot et Plutarque, la tradition des Moralia au XVIe siècle*, Genève, Droz, 1965.

Baraz, M., *L'être et la connaissance selon Montaigne*, Paris, Corti, 1968.

Benveniste, E., *Problèmes de linguistique générale*, Paris, Gallimard, 1966, réédition collection "Tel", 1979.

Blanco, M., *Les Rhétoriques de la pointe, Baltasar Gracian et le conceptisme en Europe*, Paris, Champion, 1992.

Blum, Cl., "La fonction du "déjà-dit" dans les *Essais* : emprunter, alléguer, citer", *C. A. I. E. F.*, 33, mai 1981, p. 35-51.

"Ecrire le 'moi' : 'J'adjoute, mais je ne corrige pas'", in *Montaigne : 1580-1980, Actes du Colloque International Duke University-University of North Carolina*, éd. M. Tetel, Paris, Nizet,. 1983, p. 36-53.

Brody, J., *Lectures de Montaigne*, Lexington, *French forum*, 1982.

——. *Nouvelles lectures de Montaigne*, Paris, Champion, 1994.

Brousseau-Beuermannn Ch., *La copie de Montaigne. Etude sur les citations dans les "Essais"*, Paris-Genève, Champion-Slatkine, 1989.

Cave, T., *The cornucopian text. Problems of writing in the Renaissance*, Oxford, Clarendon Press, 1979.

——. 'Enargeia' : Erasmus and the Rhetoric of Presence in Sixteenth Century", *L'Esprit Créateur*, XVI, 1976, p. 5-18.

Charpentier, F., "L'hyperbate: une maîtresse forme du "troisième allongeail'", dans *Montaigne et les Essais, 1588-1988*, Actes réunis par C. Blum, Paris, Champion, 1990, p. 239-247.

Chastel, A., *M. Ficin et l'art*, Genève, Droz, 1975.

Cherel, A., *La prose poétique française*, Paris, L'artisan du livre, 1940.

Chomarat, J., *Grammaire et Rhétorique chez Erasme*, Paris, Les Belles Lettres, 1981, 2 vol.

Coleman, D. G., *The Gallo-Roman Muse ; aspects of Roman literary tradition in XVIth century France*, Cambridge Univ. Press, 1979.

Montaigne, quelques anciens et l'écriture des Essais, Paris, Champion, 1995.

Cornilliat, F., *Or ne mens, Couleurs de l'Eloge et du blâme chez les "Grands Rhétoriqueurs"*, Paris, Champion, 1994.

Croll, M. W., *Style, Rhetoric and rythm*, éd. par J. M. Patrick et R. O. Evans, Princeton University Press, 1966.

Croquette, B., "Les *Essais* mis en pièces" dans *Montaigne, les derniers essais*, Cahiers *Textuel*, 34/44, 1986, n°2, p. 9-18.

Curtius, E. R., *La littérature européenne et le Moyen Age latin*, traduit par J. Brejoux, Paris, P. U. F., 1956.

Debailly, P., *L'esthétique de la satire chez Mathurin Régnier*, Thèse Paris X, 1992.

——. "Du Bellay et la satire dans *Les Regrets*" in *Du Bellay et ses sonnets romains*, Etudes réunies par Y. Bellenger, Paris, Champion, 1994, p. 197-226.

Defaux, G., *Marot, Rabelais, Montaigne, l'écriture comme présence*, Paris-Genève, Champion-Slatkine, 1987.

Demonet, M.-L., "La logique de la métaphore (*Essais*, III, 1)" in *Rhétorique de Montaigne*, Actes du colloque de la Société des Amis de Montaigne (1984) réunis par F. Lestringant, Paris, Champion, 1985, p. 141-154.

——. "Question douteuse : le langage I", *B. S. A. M.*, 6° série, n°15-16, 1983, p. 9-21 ; II, *B. S. A. M.*, n° 17-18, 1984, p. 17-37.

——. *Les Voix du Signe, nature et origine du langage à la Renaissance (1480-1580)*, Paris, Champion, 1992.

Deschamps, L., *Etude sur la langue de Varron dans les Satires Ménippées*, Atelier de reproduction des thèses, Lille III, 1976, 2 vol.

Donaldson-Evans, L. K., "Montaigne and poetry" in *Neophilologus* 58, 1974, p. 360-7.

Dragonetti, R., "L'image et l'irrepresentable dans l'écriture de saint Augustin" dans *La Musique et les Lettres*, Genève, Droz, 1986, p. 49-64.

Duval, E. M., "Rhetorical composition and 'open form' in Montaigne's early *Essais*", *B. H. R.*, XLIII, 1981, p. 269-287.

Etudes sur la Satyre Ménippée réunies par F. Lestringant et D. Ménager, Genève, Droz, 1987.

Ferreyrolles, G., "Les citations de Lucrèce dans l''Apologie de Raymond Sebond'", *B. S. A. M.*, 5° série, n°17, 1976, p. 49-63.

Fraisse S., *L'influence de Lucrèce en France au XVIe siècle* Paris, Nizet, 1962.

Fromilhague, R., "Montaigne et la nouvelle rhétorique", in *Critique et création littéraires en France au XVIIe s.*, éd. M. Fumaroli, Paris, C. N. R. S., 1977, p. 55-67.

Fumaroli M., "Genèse de l'épistolographie classique : Rhétorique humaniste de la lettre, de Pétrarque à Juste Lipse", *RHLF*, 1978, 4, p. 886-905.

——. *l'Age de l'éloquence, Rhétorique et "res literaria" de la Renaissance au seuil de l'époque classique* Genève, Droz, 1980.

——. "Michel de Montaigne ou l'éloquence du for intérieur" in *Les formes brèves de la prose et le discours discontinu (XVIe-XVIIe siècles)*, études réunies et présentées par J. Lafond, Paris, Vrin, 1984, p. 27-50.

Garavini, F., "La formula di Montaigne", *Paragone*, 210, août 1967, p. 14-45, repris dans *Itinari a Montaigne*, Florence, Sansoni, 1983, Paris, Champion, 1995, pour la traduction française.

——. *Monstres et chimères, Montaigne, le texte et le fantasme*, Paris, Champion, 1995.

Genette G., *Fiction et Diction*, Paris, Seuil, collection "Poétique", 1991.

Goldschmidt, Victor, "Logique et Rhétorique chez les Stoïciens", *La théorie de l'argumentation, perspectives et applications, en hommage à C. Perelman*, Louvain-Paris, Nauwelaerts, 1963, p. 450-6.

Goyet, F., "Bigarrure et Bigarrures (à propos des Bigarrures de Tabourot des Accords)", *Mélanges à la mémoire de V. L. Saulnier*, Genève, Droz, 1984, p. 567-79.

Gracey Ph., *Montaigne et la poésie*, Paris, P. U. F, 1935

Gray, F., *Le style de Montaigne*, Paris, Nizet, 1958.

——. *La Poétique de Du Bellay*, Paris, Nizet, 1978.

——. *Montaigne bilingue : le latin des Essais*, Paris, Champion, 1991.

Griffin, R., *Coronation of the Poet, Joachim du Bellay's debt to the trivium*, Berkeley-Los-Angeles, Univ. of California Press, 1969.

Jehasse J., *La Renaissance de la critique*, Saint-Etienne, Publications de l'université de Saint-Etienne, 1976.

Jenny, L., "Poétique et représentation", in *Poétique* 58, avril 1984, p. 171-195.

Kennedy, W. J., *Rhetorical norms in Renaissance Litterature*, New Haven and London, Yale University Press, 1978.

Konstantinovic, I., *Montaigne et Plutarque*, Genève, Droz, 1989.

Kritzman, L. D., *Destruction/ découverte le fonctionnement de la rhétorique dans les Essais de Montaigne*, Lexington, *French Forum*, 1980.

Kushner, E., "Monologue et dialogue dans les deux premiers livres des Essais" in *Montaigne : 1580-1980, op. cit.*, p. 103-120.

Larmat, J., "L'art de Montaigne dans le chapitre "Des Coches" in *Prose et prosateurs de la Renaissance : mélanges offerts à M. le professeur R. Aulotte*, Paris, Sedes, 1988, p. 203-213.

Laumonier P., *Ronsard poète lyrique*, Paris, Hachette, 1908.

Lausberg, H., "Marie de Gournay et la crise du langage poétique" *Critique et création littéraire en France au XVII*[e] *siècle, op. cit.* p. 117-25.

Lauvergnat-Gagnière, Ch., *Lucien de Samosate et le lucianisme en France au XVI*[e] *siècle*, Genève, Droz, 1988.

Leake R. E., *Concordance des Essais de Montaigne*, Genève, Droz, 1981.

Lecointe, J., "Naissance d'une prose inspirée : "prose poétique" et néo-platonisme au XVIe siècle en France" *B. H. R.*, LI-1, 1989, p. 13-57.

——. *L'idéal et la différence. La perception de la personnalité littéraire à la Renaissance*, Genève, Droz, 1993.

Lecoq A.-M., "*Finxit* : le peintre comme *fictor* au XVIe siècle", *B. H. R.*, XXXVII, 1975, p. 225-243.

Lorian, A., "La phrase poétique dans la prose française du XVIe siècle". *Travaux de Linguistique et de Littérature*, XI, 1, 1973, p. 435-444.

Magnien, M., "Un écho de la querelle cicéronienne à la fin du XVIe siècle : éloquence et imitation dans les *Essais*", *Rhétorique de Montaigne, op. cit.*, p. 85-99.

Mann Philipps, M., "From the *Ciceronianus* to Montaigne" in *Classical influences on european culture (A. D. 1500-1700)*, éd. R. R. Bolgar, Cambridge, 1976, p. 191-197.

——. "Erasme et Montaigne", *Colloquia Erasmiana Turoniensia*, Paris, Vrin, 1972, T. I, p. 479-501.

Marchello-Nizia Ch., "La forme-vers et la forme-prose : leurs langues spécifiques, leurs contraintes propres", *Perspectives médiévales*, 3, 1977, p. 35-42.

Mathieu-Castellani, G., "Lucrèce, Virgile, Horace et les autres. Montaigne critique du style" in *Prose et prosateurs…, op. cit.* p. 974-82.

——. *Montaigne. L'écriture de l'essai*, Paris, P. U. F., 1988.

Meerhoff C. G., *Rhétorique et Poétique au XVIe siècle en France, Du Bellay, Ramus et les autres*, Leyden, E. J. Brill, 1986.

Ménager, D., "Montaigne et l'art du 'distinguo'", Colloque de St Andrews, *op. cit.*, p. 149-159.

Meschonnic, H., *Critique du rythme*, Paris, Verdier, 1982.

——. *La rime et la vie*, Paris, Verdier, 1990.

Meyenberg R., *Alain Chartier prosateur et l'art de la parole au XV° siècle, Etudes littéraires et rhétoriques*, Romanica Helvetica vol. 107, Bern, Francke, 1992.

Michel, A., "Buchanan et la satire" *La Satire au temps de la Renaissance*, Paris, J. Touzot, 1986.

——. "Rhétorique et Poétique : la théorie du sublime de Platon aux modernes", *Revue des études latines*, LIV, 1976, p. 278 et s.

Millet, O., *Calvin et la dynamique de la parole*, Paris, Champion, 1992.

Mouchel, Ch., *Cicéron et Sénèque dans la rhétorique de la Renaissance (Le débat sur "le meilleur style" dans la littérature érudite de 1555 à 1620)*, Thèse de Doctorat d'état, Paris IV, 1986 ; Lille III, Atelier National de Reproduction des Thèses, 1988 ; Marburg, Hitzeroth, collection "Ars Rhetorica", 1990.

Nakam, G., *Montaigne, la manière et la matière*, Paris, Klincksieck, 1992.

Pouilloux, J. Y., "'Considération sur Cicéron' : d'un topos à l'incarnation de la pensée", *Le Livre I des Essais de Montaigne*, Cahiers *Textuel* n°12, 1993, p. 95-112.

Regosin, R. L., *The Matter of my Book : Montaigne's "Essais" as the Book of the Self*, Berkeley, University of California Press, 1977.

Salmon, J. H., "French satire in the late sixteen century" *Sixteen century Journal*, VI, 2, Oct. 1975, p. 57-88.

Rigolot, F., *Les métamorphoses de Montaigne*, Paris, P. U. F., 1988.

Silver, I., *Ronsard and the Hellenic Renaissance in France*, T. II *Ronsard and the Grecian Lyre*, Genève, Droz, 1981.

La Statue et l'empreinte : la poétique de Scaliger, éd. C. Balavoine, P. Laurens, Paris, Vrin, 1986.

Sainte-Beuve, C. A., *Port-Royal*, Paris, Gallimard, Bibliothèque de la Pléiade, 1953, T. I.

Stierle, K., "Identité du discours et transgression lyrique" *Poétique* 32, 1977, p. 422-441.

Sturel, R., "La prose poétique au XVIe siècle" *Mélanges Lanson*, Paris, 1922, p. 47-60.

Thibaudet, A., *Montaigne*, Paris, Gallimard, 1963.

Thiry, Cl., "Au carrefour de deux rhétoriques : les prosimètres de Jean Molinet" *Du mot au texte*, Actes du IIIe colloque International sur le Moyen Français, Tubingen, 1992, p. 213-27.

Tournon A., *La Glose et l'Essai*, Lyon, Presses Universitaires de Lyon, 1983.

——. "Montaigne et l'allure poétique", *B. H. R.*, 1971, T. XXXIII, p. 156-162.

——. "Le paradoxe Ménippéen dans l'œuvre de Rabelais", in *Rabelais en son demi-millénaire* (Actes du colloque international de Tours, 1984), *Etudes Rabelaisiennes XXI*, Genève, Droz, 1988, p. 309-317.

——. "Je n'ai jamais lu les *Essais* de Montaigne" dans *Cahiers Textuel* n°12, 1993, p. 9-29.

——. " L'énergie du style coupé et la censure éditoriale", Actes du Colloque de St. Andrews, Paris, Champion, 1995, p. 117-133.

——. "La segmentation du texte, usages et singularités", Actes du colloque de la Société des Amis de Montaigne, "Editer les Essais de Montaigne", janvier 1995 (à paraître).

Trattati di Poetica e retorica del cinquecento, ed. B. Weinberg, Bari, Laterza, 1970, vol. I.

Valéry, Paul, *Variété* in *Œuvres*, T. I, Paris, Gallimard, Bibliothèque de la Pléiade, 1957.

Villey, P., *Les sources et l'évolution des "Essais" de Montaigne*, Paris, Hachette, 1908, réimpr. 1933, 2 vol.

INDEX DES PASSAGES DES *ESSAIS* CITÉS OU COMMENTÉS

Livre III

TABLE DES MATIÈRES